時報出版

寫給生活的情書

生命中的每一個相遇，
都會在你身上留下印記

蔡穎卿——著

PONY 繪於阿公 80 歲

自序

生活情書
致父母、給自己
和女兒們

剛過完六十二歲生日不多久，我就不再是一個「孩子」了，因為，在很久、很久以前，我聽說過這樣的一句話：「只要高堂仍有母在，你便還是一個孩子。」

母親在父親走後的一年不到，也撒手升天，我從此不再有心靈終歸有個港口可以停泊的感覺，只能思想該如何給女兒們那種自己確信了六十二年的安全感。

人們總是很容易就對著一個孩子的長相，說他像爸爸或媽媽。我從小也不例外地被人這樣「單一」地指說。

在父親病倒後的幾年中，我常常拿起他有一次贈給我的家庭老照片。翻看時，我從自己大概是六歲的一張照片裡，看到因為害羞而把嘴巴閉得如小雞一般的臉龐上，鑲嵌的明明是父親那雙溫和了一輩子的眼睛，但等我把父親的學士照和我的學士照放在一起時，我又覺得，在我大致上看起來很像爸爸的照片中，眼神裡已經散發出母親那種總要在生活中奮戰的決心。

而有一次，我找到一張母親二十二歲在報社工作的照片時，和自己大四那一年在校園裡拍下的一張生活照擺在一起，我才發現，自己其實也很像母親。

我心想，一個孩子能既像爸爸，又像媽媽，多幸運！

這使我記起一位大學時期與父母也相熟的同學曾說過，我有爸爸的感性，也有媽媽的理性。我但願如此；我但願能不負他人對他們美好的認識。

這本書中的第三輯，便是我對如今已在天堂父母的想念和感謝。

事實上，我最想擁有父親的溫柔和母親的堅強。他們所教給我的一切，身教多過言教。我從小所感受的那種正面迎戰生活；有希望、有計劃，又熱愛勞動的性格，像源源不斷的鼓勵，促使我更認真地思考，並實踐六十歲以後的每一天。

我經常在自己沮喪時想起大我三十二歲的母親，從記憶中尋找她在那一年的模樣，和她同一時期所擁有的活力。於是，我不得不靜下來了；靜下來以她所曾教給我的行動，追趕那個更堅強、更有臂膀的她。

而在我覺得別人當我是傻瓜，欺負我，我開始想要以跟他們同等惡劣的言行反擊時，我便想起了爸爸，想我必不能丟他的臉，想我年老時，可能如他一般慈眉善目，永遠天真；想他沒有高談闊論，但愛孩子們的愛心和耐心。

這些心境化在生活和工作中的表現和體會，便是分別收在第一輯和第二輯的內容。

我人生中第一次出國旅行是母親帶我從北海道往南由東京飛回的日本之旅，那年，我十九歲。此後的近四十年中，和父母有過二十幾次的遠行，每一次都像是在加深少女時，爸爸教給我他喜歡的那一句話：「不出去看看別人，永遠不了解自己。」

我把新近遠行的日記和平安家書整理成幾篇也收在書中的一輯，做為寫給自己的生活情書。

希望正步向老年的我，且行且歌且珍惜！

目錄

CONTENTS

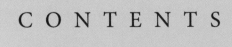

輯一 踏著愛向前行

輯二 讓我有工作可做

輯三 相念一生

輯四　旅人・旅事

關於「愛」，
我知道自己走在一條康莊大道，
雖然走得很慢，
但是一路是做、懂、知、愛的踏石所砌。

輯一

踏著愛向前行

走在愛的康莊大道上

在高雄愛河邊建立工作室之後，雖然每個月只停留一段時間，卻因此常常有機會走過高雄橋旁，母親的母校高雄女中。

幾年來，看著校門重建，校旁的商店改換了一些經營；看著對面玫瑰堂星期天人們進去做彌撒，看著隔壁幼稚園的孩子們可愛的揮動小腳小手做體操。或許因為是母親從小常常對我們說起的求學憶往，或許也因為自己有了工作室就在河岸，五福路上的風景比之高雄其他地方對我更有意義，所以這裡的任何改變，總是更敏感地進入我的眼簾。

有一天，車過愛河，我又眼尖了，看到校旁原本給神職人員住的一棟建築，樸素的磨石子門柱上貼了一張小告示，說有宿舍出租給學生。這本是很普通的事，完全可以想像得到，高雄女中有些外地來的學生需要寄宿，而各教會設有學生宿舍由來已久。只是不知道為什麼，這張告貼卻使我非常高興，開始喋喋不休地跟先生說起許多故事。

說我們小時候在成功鎮、住家旁邊的那個修女宿舍，又說起台東學子如果上高中，家不在市內的人，女生可以去住貞德學舍，而收男生的叫培質院；我甚至熱情洋溢地說自己對這些宿舍的命名，所感到的合情合理、了解和喜悅。我跳躍在斷斷續續的回憶中，包括十二歲在聖心的住校生活，和十八歲在成大宿舍的種種生活細節；話中，又是空間給我的記憶，又是我覺得人可以怎麼把這些照顧做得如何、如何……

然後，不知道為什麼，我突然對自己那樣莫名的激動、雜碎的言語起了一些些不好意思。

我嘆了一口氣說：「真希望我能去照顧那些高中生！」然後，又為這激情起了不必要的慚愧，加強解釋說：「好奇怪，為什麼我那麼喜歡去照顧人的感覺！」

我完全沒有想到，這立意於掩飾情感的自問語法，卻得到一個肯定的回應。

方才一直默默聽著我有如一個孩子那樣，在回憶、現在和未來中跌宕起伏著興奮和遺憾、惋惜和希望的先生，突然從定睛於路面的駕駛座上轉過臉來，很穩靜、很溫和地對我說了一句話；一句我這一輩子應該都不會忘記的話；一句對我來說比任何執照或獎項都更好的話。

他說：「所以，這就是你能做這種工作的原因。」

在《愛的藝術》這本被不同世代、不同世界重讀的書中，開章前引用了中世紀有位瑞士醫生寫下的一段文字。

「He who knows nothing, loves nothing. He who can do nothing understands nothing. He who understands nothing is worthless. But he who understands also loves, notices, sees⋯ The more knowledge is inherent in a thing, the greater the love⋯ Anyone who imagines that all fruits ripen at the same time as the strawberries knows nothing about grapes. Paracelsus」

關於「愛」，我知道自己走在一條康莊大道，雖然走得很慢，但是一路是做、懂、知、愛的踏石所砌。

上帝派來的守護天使

我第一次聽說「守護天使」這個詞是在十二歲的住校生活中。透過一個精心設計的活動，我不僅得知並真正了解了這個陌生的翻譯語詞。

五十年前，學校不用顧慮太多就可以傾力保護孩子的心志成長，所以校方活動不動用家長的經濟力去標誌孩子各別的條件，更不會允許家長介入。我們學校一年一次「守護天使」的活動，絕不存在金錢購備的「小禮物」，而是孩子們自己的費盡心思。

我們很神秘地做他人的守護天使，也很興奮地猜測：誰是自己的守護天使？這個答案往往要好幾天之後才會獲知。於是，每個人都開始細心敏銳、挖空心思地去想，怎麼動手以天使的溫柔，體貼守護自己的主人。而驚喜的結果又一再啟發著一顆顆小腦袋。

去愛，似乎已經超越了被愛的快樂。

早上起床，當一位同學走到走廊盡頭共用的大盥洗室，驚訝地發現不只自己的牙杯已裝好水、架在上面的牙刷，還美美地擠好了一段長短恰到好處、自己都擠不出那樣完美尺寸的牙膏時，那份驚喜不只提供給守護天使的小主人，也感染了身在景中的每一個心靈。

當然，驚喜之外的其他人難免有些失望。但不用失望的是，每一個人都有自己的守護天使！就在有人拖著微微失望的腳步往回走，內心想著：「為什麼我的天使不是她。」回到房間時，眼睛發亮，看見自己那張被褥凌亂的床，已經比例勻稱、摺角合度地被整理好了。

那守護天使是誰？

她在什麼時候完成這個工作？

誰是誰的守護天使？

我要怎麼當一個更好的守護天使？

在那些天裡，問號成了我們心中一個個比聖誕燈更美、更閃爍的懸念。

「人可以成為另一個人的守護天使」和「每個人都有一個守護天使」這個美麗的概念，悄悄地在十二月進入了我們十二歲的心中。

再大一點，我因為讀歷史知道了「守護天使」的沿革。從歷史文獻中，我了解這項從信仰而被系統擴大的發展，雖然也有不少記錄載明它曾被不良善的歪邪信仰與政治所利用，但因為自己童年初心所遇是如此公平、美好；所以「守護天使」在我心中是一個極美的概念和最仁慈的語詞。

我的生命裡也有一個守護天使。他每次總是「巧合」地出現在我「應該」或「需要」幫助的時候。這位老醫生曾在我十八歲、三十幾歲的時候，委婉地給過我人生建言。之後幾十年，我在各地生活，我和這位守護天使想在生活中再相遇，其實很不容易。但就在我感到最需要一個守護天使，也早把他從生活中遺忘的時候；他竟然出現了，在我五十九歲這一年。

那年，父親重病，成了爸爸baby。一向遇事無畏無懼的母親，因為年邁也不再勇敢了。她非常抑鬱，沒有心情和能力與我共享工作的溫熱或挫折，使我的生命頓時出現一個情感的缺口。

從小到老，來自長輩的建言和鼓勵一直是我極重要的生活支持，但如今，已沒有人可給予我這樣的溫言澆灌。然後，有一天，上帝看見了我的失望與軟弱，祂派來我的守護天使，帶著一雙歷經世事的眼睛與充滿愛意的胸懷，特地來告訴我，祂了解我的辛勞付出和對孩子的熱情。

老醫師夫婦和輪番陪伴照顧的女兒「偶然地」從愛河散步而過，不經意地發現了我的工作室。當他們看見已不年輕的我，帶著孩子那麼熱情的生活，便仔仔細細、安安靜靜觀察良久、良久。然後用他九十幾歲仍然精神、依舊悅耳的聲音對我說：

「妳現在做的事，很好，很重要！」

我知道當時癱瘓已一年多的父親，假如神智清楚的話，一定也會這樣對我說。

我小心翼翼記住這簡單幾個字和相伴而來的真誠慈藹。帶著它，我又走過三年努力的心路。我的守護天使為我帶來的不是讚美，而是了解。

果斷是訓練出來的

我有一個小小學生，七歲，一年級。他長得非常好看。好看到初次見到幼年的他時，我以為看到一個小女孩。

他那兩道一字眉最讓我驚艷，顏真卿《多寶塔碑》的反平捺在比例恰當的位置，大大方方地從鼻樑上方往兩耳一掃，長趨直入小臉蛋的額邊。雖然毛髮佈局非常緊密，起落也很鮮明，但因為眉色淡淡，所以沒有英氣逼人的壓迫或愁意。再加上他的神情總是帶著一抹恬然的笑意，那兩道濃眉就配在他承襲自母親的眼鼻口上，顯得精神煥發又很天真。

天真可愛使每一個孩子都成可造之材。只要了解、教導，可愛的性格就得以保持，這是教導兒童的最大快樂。

我和這個孩子一起工作過幾次之後，就發現他的性格比長相還要更溫和；做什麼事都非常慢。當大家已經把餐桌收整得差不多的時候，他還悠哉、游哉地望著遠方的天花板，享受那吃不到一半的餐點。小小孩的動作慢並不是問題，問題在於他們在不在乎群體的生活節奏？又是不是已經開始對「時間」有了意識。

就這樣教過他幾次，又與孩子的媽媽深刻討論之後，我覺得這種「好性情」除了被欣賞之外，也需要被調整。畢竟，人有許多性格是「學」而後才「能」的，其中影響最大的一樣，我認為就是「果斷」。

「果斷」在中國古書記錄的源起很早，說的是：「人因為有決斷，才不會在事後面臨艱難。」這是從「後果」談「遇事」的重要，所以春秋時期，晉悼公才會任命荀家、荀會、欒黶、韓無忌四個人做公族中的老師，讓他們擔任教育的責任。因為他們四個人分別具有：惇厚、文敏、果敢和鎮靜的品質。

年幼的孩子都很質樸，他們的性格和能力還沒有得到足夠的陶養和塑造。如果能讓厚道的人來教他們；讓知識足夠的長輩引導學習的方向；讓果敢的人告誡缺點，分析得失；讓遇事不亂，性格穩定的人陪伴成長；就能均衡地發展成大器。這就是二千多年前對教育的遠望和踏實。

英文解釋「果斷」（decisive）的說明，也幾乎是一模一樣地描述了生活的經驗和需要：

able to make decisions quickly and confidently, or showing this quality.

我覺得從生活中的小事去了解「果斷」、「果決」或「果敢」是比較正確的切入，因為，這個詞的組合與聲情往往被偏解為一種大刀闊斧的性格，而不是日常應該具備的能力；然而果斷是一種非常重要的工作性格。

跟猶豫不決的人在一起很危險，跟妄下判斷的人在一起也很危險。我們因此了解，「果斷」指的並不只是速度的問題，而是三種條件的結合：

了解並掌握情況，

在正確的時間做出決定，

做出條件中最好的選擇。

但這對一個生活經驗還生嫩的孩子來說，是一件多麼困難的事情？不只對孩子是困難的，對不同年齡的成人也一樣不容易，除非，我們已經受過果斷行事的訓練。

果斷和乾脆並不一樣，乾脆可以是義無反顧的，但果斷則更冷靜。所以在教導孩子的工作上就應該偏重於「情況上的必要」，而不是「性格上的特質」。我想，這個孩子必須一次次加強對「我一定要做出決定」的認識，才算開始為「果斷」打下基礎。於是我打算逼他——是的，一點都不心疼地逼他，準備開始對他的果斷進行教導。

那一天，他一樣慢悠悠地在每個小朋友都考完生活考試之後，還沒有開始做自己該做的事。當然就不可能交出一個我要求下的成品。但因為他很可愛，所以大家都搶著幫忙。我不准任何小朋友伸出友善同情的手，只等著他從恍然中醒來，啟動自己的觀察，採取該有的行動。

終於，他知道該打蛋，蛋才會出現在碗中。到底是小心謹慎，或六神無主，在此刻誰都看不清楚，得等待下一步驟才能判定。

我耐心地等待他點著火，在鍋中加了油、倒入打勻的蛋，但直到鍋子冒煙、蛋焦了，還等不到他伸手去關火。

我還在耐心的等待，在他徬徨望向我求救的神情中，不發一聲指令，繼續等待著他發現「一個可以停止這災難」的行動。終於，他想起了，火的開關是掌握在他的手中。於是，他伸手去旋轉按鈕，在煙霧中，我看到他那一如既往掛著淺淺笑意的臉上，那對可愛的眼睛裡泛著一層淚光。

我並沒有安慰他，因為這不是用安慰可以求得的進步。我只是牽著他的手，把他帶向另一個爐台，再讓他重做一次。在更集中精神、更了解的狀況下，做出應有的決定，取得應有的成功，培養他對「果斷」的認識。

美妙的精神充電

從客觀上說，我的生活很原始，總是繞著基本需求「茶米油鹽醬醋茶」團團轉，以致別人用「優雅」形容我的時候，我很訝異，心想，人怎麼會這樣去形容一個與生活雜務永無止盡纏綿不休的打交道者。

我一直在做清潔工作，從細項到大範圍，也從小做到老。我覺得自己寫過最好的一篇散文是〈抹布頌〉，可惜它只刊於書中，卻未被選為教材。否則，應該對孩子們有一些生活啟發。

年復一年，我照顧一個空間到另一個空間，擦完一扇玻璃窗，再擦許多鏡子；洗完一堆碗碟，又刷洗滿槽鍋盆；終於有一天，我對著先生宣布（也算開自己一個玩笑）：「以後每年的五月一日，我要給自己頒一個模範勞工獎。」

真心說來，六十歲過後，我希望自己可以不用擔負這麼重的生活勞務，但每當看到比我老、比我弱的人還在做清潔打掃工作時，我的心就靜了下來了。我想，誰都不不比誰高貴，為什麼他們還在做，而我卻心生抱怨了？難道，我沒有能力教會其他人也做？

對生活美感和工作品質的追求，是我的自我期許，所以我仍然與打掃、洗刷日日結伴，在市場和廚房中快速穿梭，打點著食、衣、住、行的實踐，唯有如此，我才能完成自己對工作的責任與理想；也唯有如此，我的「談」才不是「誇誇其談」。

每個月，在三峽親自照管完生活與工作的兩個空間之後，我會南下回到高雄那個裝修質樸的古老工作室，舊空間老當益壯，牆牆角角的清潔自然更要費心。

在如此的勞動中，我從來沒有因為上了年紀而感覺到一絲不快，畢竟，勞動改變環境的速度是非常驚人的。對我來說，勞動是一種「創造力」，它可以使我得到兩種快樂：

一是，人確信自己擁有某種能力的安全感與自信；

另一是，去經驗自我能力真正完成種種改變的事實。

那種美妙的精神充電一直支持著我的工作力，也使我在極小影響力的教學上產生共震與激發。當然，我還有更高的希望，想在維護和創造中，說明人與人之間、人與環境之間的相互珍惜不只可以存在，還可以透過行動而提高。

我打點生活，實踐所言的能力，因為勤懇的勞務而受到尊重與讚美。這十多年來，媽媽班的學員們，越來越尊重我的「老」，所以，她們更加地表達自己的「好」。

在每一堂課中，她們用佩服的眼睛、言語和極力想分勞的行動，給我最踏實的支持。他們也許不會完全地了解自己那一聲聲的：

「老師，我來！」

僅只這句「老師，我們來就好！」的話語中，便足以撫平大家泛泛談著世代更迭下逐漸失去尊重的失望；其中的溫暖更重燃起我相信人有能力去愛的信心。

我心中有個記憶的盒子，裝載著無數個上課日，大家在我還與某些同學在前室談話時，「悄悄」地把堆疊的碗盤洗淨歸位；「偷偷」地結伴把廚房、廁所清理的乾乾淨淨；並且「默默」地把垃圾倒了、抹布裝袋、地板擦亮。

這一切的「偷偷」都在夜幕低垂、中庭一片寧靜中閃爍著最美的尊敬。

我想著：

「體貼」美化了勞力的樣態，

「感謝」提昇了辛苦的意義。

我一定要老得更有榜樣，一定要尊重生活，一如她們尊重我。

小住校期間，有個小朋友實在鬧得很。身為二十四小時的照顧者和教導者，我絕不能忽視孩子個人的學習進度和他們所帶來的影響；這既是身為老師沒有任何藉口可以推諉的責任，也是擔任老師可以擁有的合理希望。

教過很多孩子之後，我更加相信，現在有太多被認定情緒有問題，並已經開始治療的孩子，基本上是沒有問題的，因此，我總是同情他們。因為同情，我採取的是在生活中全面進行他們應有的行為矯正，而不是修改環境、或方式、或標準，去壯大他們的問題，從而培養他們與眾不同的習慣。

任何人只要跟這些孩子們分秒不離的相處，度過正常運作的日夜作息，而不是一堂課、一個所謂的療程的短短接觸，我相信有能力去愛孩子的照顧者，絕對會同時看到問題和希望；也會進一步了解到，現在我們對待他們的方式，有多麼只求方便和殘忍。

這孩子早早被心理教育得「很好」，他告訴我，自己有一種病，一種「不能專心」的病；又告訴我，那沒有什麼大不了的，只是因為身體缺了一種物質，他吃藥，就像其他人吃感冒藥一樣……。

他口才好極了，把成人、專家給的許多資訊流暢地掛在口中，也總在需要的時候分門別類地拿出來，當做不做、不想做和不會做的藉口。

我告訴他：「我也有一種病，這種病就是做事很專心，無論跟任何人工作，都要把工作做好；所以，我們在七天七夜的相處中，在每一件事上，必須好好合作。」而合作的方法很簡單，就是他遵守這個屋子裡大家一起生活、一起工作的紀律。

紀律不是公約，因為，這些條件並未先與孩子們討論才訂定。這些紀律是由比他們多五十多年生活經驗的我，在我的場所中，以最多數人的健康、舒適感和利益為考量而產生的規定。

例如：

1、因為不外食，所以三餐大家要一起同工烹調。做飯時要穿圍裙，餐桌如何佈置、餐後如何收理都要認真學習。

2、因為上廁所和喝水是生理需要，所以不用徵詢我的同意，但拿水杯、杯墊、好好倒水、使用馬桶、洗手，都要注意對環境的維護。

3、每天我一至兩次的講書或說文解字的時候，要專心聽習。

4、無論什麼類型的學習（如畫圖、手工藝創作……）都要認真參與。不以自己的長項來表演，而要把我給的題材和項目好好完成。

5、遊戲的時候不可以毫無節制的喧鬧，以免影響他人。

6、輪流使用過後的衛浴要清理，因為，衛生和生活品質是如此維持下來的。

7、每天洗衣服、晾衣服、洗抹布、晾抹布時，要確實根據我的教導好好練習技術。

我認為這些紀律，沒有不合人性之處，而五年來的實驗，也證實孩子們不只都能做到，也是喜歡的。雖然不是每個孩子都能一次到位，或全面周全，但標準不能下放，因為退守求便的教導是一種失望的表現。

這一天，這個不停標榜自己有病的孩子，不斷以身體的不安定和刻意製造的聲音干擾大家的學習。我生氣了，要他安靜下來。

沒想到，見我生氣，孩子竟如同分享祕密一樣地對我說：

「Bubu 老師，我知道我什麼時候可以非常安靜，如果妳讓我自己去書房閱讀，我就可以不說話。」

我保持著早已拉下的臉，對他說：「不可能！」

我要他拿起筆，把昨天睡覺前已經背起來那首詞，一個字、一個字寫出來，跟著大家做每一位小朋友都在做的事。

我說：「身體坐好，頭抬起來，把筆記本擺正。哪一個字不會寫，老師教你，其他事都不用多說。」

他開始摔筆記本，甩動身體、搖動椅子，但在這一切動作中也不忘偷眼看我，他當然可以看到我雖不出聲，但目光定定中的譴責和無可商量，我用眼睛告訴他：不用白費心機和力氣。

而後，他宣稱要上廁所，我不准。因為幾個日夜相處下來，我已經知道上廁所和喝水也是他逃避問題，和為自己製造問題的方法之一。如果不管他，一天之中，有半天的時間他都願意待在廁所。他可以在廁所裡唱歌，做他想做的事。但我不允許，因為，這絕不可能也不符合其他場域的生活條件，更不是一個年幼的孩子應該被認同的生活方式。

我的邏輯很簡單，工作室的廁所離學習桌很近、也很高挑寬敞，洗手槽和馬桶同在一室，對孩子來說，可以玩水，也可以休息。

但，他去上學時，能這樣嗎？他在家裡時，應該這樣嗎？

我告訴他，廁所不是你的避風港，唱歌也會使你分心，又干擾了別人。不用去想「專心」，專心不是方法，把事情做出來的人就有專心的條件，有很多次專心經驗的人都很能幹，不用整天鬧事。

雖然我沒有心理學的教育背景，但我有長期、長時間在正常生活節奏中和兒童打交道的經驗。我盯著他做的事，並不是不合情理，或沒有研究理論的。這本來就是醫學院精神科早已用來治療祛除恐懼和焦慮的方法：把事情分成細小的步驟，不能停。

這種方法很有用，連面對高等考試而陷入恐慌，頭腦一片空白的人，真正的專家給的也是同樣一套的治療方法。也就是：說服他們在考試的兩個小時裡，不論多麼緊張都絕不停筆。千萬不要把時間花在想自己，一分一秒都不行。

孩子以為，閱讀就是最好的事，而在某種諮詢和輔導之下，他們以為工作時唱歌、走開一下、逃到廁所可以緩解緊張。在被別人不斷刻意去培養的「本性」之下，他以為，自己的身體和身邊其他孩子「很不一樣」，但他不知道，他們和他一樣，只是比較幸運地在正常的要求下，一點一點修正了人人都有的放肆。

在我七天七夜精疲力盡的照顧中，所得的一點進展和深入的觀察中，我只會說：一個任性的孩子如果又成為心理治療市場上的目標，那麼，我給予他的耐心，只是基於對一個成長中的孩童的合理同情。

我想告訴他，如果 Bubu 老師可以整天彈琴、整天研讀英文、整天閱讀，我一定非常高興。但我不能任性，也不會任性。因為，母親從小就給了我生活應該平衡的良好教育。我但願，他們也擁有這樣一段被細心照料、有心矯正的成長段落。

摔破一只
高腳杯的功課

無論在三峽或高雄的工作室，也無論是成人或小朋友的課，我們只要一開桌，桌上總是燭光搖曳、盤盞錯落。有一天，媽媽班酒足飯飽、談罷笑夠之後，大家同時起身分工收拾碗盤。接在一聲輕脆響聲之後的畫面，是應聲而倒的一只高腳杯，碎裂在中央小大理石桌的四周。

收拾時碰到高腳杯的媽媽，是一位很害羞，很溫文的學員，她的臉頓時紅了起來，連聲道歉說盡自己滿懷慚愧之意。因為她的兩個女兒也曾是我的學生，所以我毫不猶豫地坦然擔起「兩代老師」的責任。一等收拾好碎片之後，我便要求大家暫停收整工作，先討論杯子碰破之前，我在一旁看她們整頓滿桌狼藉的感想，以便使工作更有成效。

我並不覺得自己這樣做是「小題大做」，我反而想，十幾年來，這些媽媽們把孩子扶養長大還願意回到我身邊，跟我一起探討如何「過活」，就代表她們不是來打發時間或尋求安慰，而是真心想在日漸年長的歲月中精進生活。

在我的想法中，要使生活更好的方法，是對一切事物都要有耐性。而一個人之所以能對他人、他物有耐性，實際上必須起於對自己的耐心。所以，我總不願意放過日常的失誤，經常面對自己的錯誤進行分析，再找出更恰當的方法求進步。這種心情，我但願來上課的學員都能了解。

生活能力是有用的。忽視實際生活能力，而求大刀闊斧的格局，實在不容易成功。所以我告訴大家，先前我所見到的收拾工作有哪些問題。

首先，我看到了：

大家想合作的意念，也看到效果不彰的原因。
我也看到了：資源不應該的浪費。
此外，我還看到了大家沒有「災難可能會發生」的預想。

相同的一份工作，成人進行自行合作時往往比孩子更浪費時間，狀況也更複雜。因為，成人比孩子更顧念人的關係而忘卻事的行進。有意見時，既不好意思說，也不好意思做；一方面怕意見被誤解，另一方面也怕錯解了別人的用意……種種想法都是好人的寬懷，但種種顧慮也如力量的波浪，一捲捲不斷地堆高達成目標的各種成本。

我以眼下收拾的工作為例，為他們分析如下：

先要了解，收拾一張十二個人用餐過後，杯杯盤盤、大件小件擠在一起的餐桌，一個人並不比五個人費時費力；原因在於

「整體」。

什麼事，都得先一眼看到全部、一眼看到目標。

一個人工作雖然比五個人費力，但單獨作業的思考是一致的。假如那一個工作者沒有工作盲點，很有可能因為這一致性，節省了工序，更好、更快地達成目標。因此，同樣的任務如果由多人合作，便必須以工作的全景觀，立即進行短而有效的分工討論，以避免各種浪費。（有時，最浪費的往往是討論所花費的時間。）

這次的收拾，因為大家感情太好但工作默契不夠，所以，浪費很多資源。大家一旦不計較（特別是苦事）便你急著做，我也想多盡一份力，於是工作就容易失去技術性；而缺少技術性的行動，一定會浪費時間和物質的雙重成本。

在我眼中，任何工作都應該有一種美感，就是不浪費。「浪」是「大」的意思。白白浪費是指根本沒有收穫的付出，但「浪費」指的是「多餘」的付出。

我們的生活中有許多付出是不可能省略的，例如：沒人收的餐桌不會自己變美；沒人洗的碗盤永遠不會自己變乾淨。雖然力量是無法刪略的付出，但我們可以因為周到的考慮、正確的決定而節時省力。這美好的「工作訓練」得從思考做起。

正因思考，所以，在這份收整工作中，高腳杯將在「什麼順序」收，以「什麼方式」收，就是合作啟動前應該全員「了解」並彼此「知會」的要點。無論什麼工作，為還不知道合作概念的伙伴解釋要點，是工作中的慈心善意，但「知會」同工者，則是應盡的義務。

主張「想做什麼就做什麼」或「想怎麼做就怎麼做」的人，可以是「自在」或「最不自在」的兩端，那得看他們身處在什麼樣的環境和什麼樣的條件中。但至少，既要在群體中生活，就應該具備合作的基本認識和素養。

那天，討論的雖然是一只破杯子，但從收拾殘局中了解了「預見」的重要。預見問題、困難和災難，是往負面想，但做足避免的行動準備，卻是最正面的精神。在我的心中，預見並不悲觀，因為同樣的能力可以往另一個方向發展，幫助我從正面看見希望和夢想。

我相信沒有人可以終身都過著無憂無慮的日子，但我們可以透過生活實踐，觀察、領悟增加能力。領悟自己何以未能順利達成目標，也找到自己做得到的改進。

跟有智慧的人學智慧

查理・芒格過世後的第二天，是我們每個月照例開課的「媽媽一日學校」。這堂課的閱讀部分，早在一個月前就預定好了，很湊巧地，我打算帶大家讀《窮查理寶典》中的幾個文段。

一直以來，我都認為讀書這件事是個人的功課。知道一本書，並不代表知道的人想讀那本書；有時候，主動談起某一本書的人，稍微深談才發現當事者並未真正讀過那本書，只是「知道」這是一本經典或暢銷作品。所以，儘管這十年來，我經常和學生們談起這本書，但在這堂課中，我並不打算概述或介紹書的內容，而只是截取其中幾句自己深有體會的話，提出來和大家討論。這樣，有興趣的同學回家自然會去找書來用功，不用我強力推薦。

課中，有一句話果然如我預測，引起大家的討論，這句話是這樣說的：

「跟年長者學經驗，跟有智慧的人學智慧。」

我之所以預料這句話會引起疑問的想法很簡單。《聖經》約伯記中那句「年老的有智慧」早已深植人心，即使不是基督徒，也早已對這句話耳熟能詳並深信不疑；即使，在我們的生活中，年齡的增長與智慧的多寡實在沒有絕對關係。但我們可能很少去想，假如年老的都有智慧，生活中就不會產生「老糊塗」、「馬齒徒長」……這類語詞。

那天，在課堂的討論中，我除了陳述自己對這句話的體會之外，也同時把書中另一句很美的提醒轉告給大家：

「晚年最佳的保護鎧甲是一段在它之前被悉心度過的生活。

The best Armour of Old Age is a well-spent life preceding it.」

這句話在原版書中，以一整頁查理在薩克拉門托河畔垂釣的照片引出文句，但其實這句作者認為十分了不起的結論，並非他的創見，而是他所心儀、生活在公元前羅馬共和國的老人西賽羅所說。查理的閱讀，首先便體現「跟有智慧的人學智慧」這深意。

我之所以在這本近六百頁的精裝大書中，沒有錯過「跟……學……」這個句型，實在是深深體會到自己的年長和來自生活的許多感觸：人絕不可能因為老而好，生活永遠都需要非常努力。

為什麼可以跟年長者學經驗？我想是無論成功的、失敗的過程，都值得後生晚輩引以爲鑑。前輩成、敗、好、壞的經驗結果，是每一個虛心觀察的後進可以不用事事以身親驗的最好禮物，畢竟在時間的長河裡事物變化無窮，一個人有限的生命長度，所能經歷的事物廣度與深度都深受局限，怎麼可能凡事從頭來。這概念說起來也很簡單，類似於「三人行必有我師，擇其善者而從之，其不善者而改之。」

智慧是經驗中優良部分的結晶和延伸，因此，我重讀此句時非常喜悅，並深受提醒，迫不及待想和媽媽班的學生們共勉。

也許，這也和這些年切身的經驗有極大的關係。

自從在南部設立工作室以來，不知為什麼和大樓鄰居們一直無法相處融洽。惡意的破壞在耐下性子與承受許多壓力下，終於在兩年四個月的訴訟之後，由法律帶來對肇事者真正有效的懲罰和惡行的制止，並由法律宣布了所有權的歸屬。

然而，自私可以使人枉顧法理的存在，有幾位鄰居只為自己的方便而樂見惡行，並口口聲聲以提醒為名，把「可能出現的、更恐怖的事」對我們行精神威脅之實，當我聽到一位自認德高望重，修養很好並十分自豪於自己九十歲高齡的老人，以不屑的眼神和極不道德的語言咒詛我時，我對他說了自己心中一直想說的話：

「洪先生，如果我父親還活著，他是九十七歲。說起來，您的子女可能還沒有我大。我相信，假如今天同樣的問題由我父親來評論，他一定會比您公義，比您慈愛。」

說完後，我起身離開了那個大樓管委特別為我而開的會議。我知道，大家該說的話已說完，所謂討論也不過是以自我為中心去強迫別人「以和為貴」的要求而已。

我突然想起了父親一生以來的溫柔敦厚，從十二樓的會議室搭電梯下到一樓後，我從瑟瑟寒風的愛河邊轉身走進自己的工作室時，才發現，自爸爸過世一年多來，我從來沒有如此、如此地想念過他。不，應該說，我常常想起他，但一直沒有恰當的語言來陳述正直、公平、待人永遠慈善的他。

喪膽之後的省思

年紀漸長，我看到自己某些能力退步了，便傾向於更加儆醒，努力地進行自我訓練，例如：以閱讀保持記憶力；工作時思考如何在現有的體能資源下，採取更周慮的行動以達到該有的效率……等等。

但對某些失去的能力，雖然心中有著遺憾卻不再自我苛求了。

人生是有喪膽的時候。喪膽使我失去幾項本來熟練的能力。要不要勉強自己跨越這種心靈阻礙？六十歲之後的我開始寬待自己了。不把每一項不畏艱難都看作不服老的表現。

我的開車，便是在喪膽之下失去的一種能力和生活方便。

二〇一九年，定居高雄的父親在一日之間病倒而後癱瘓。經過心情十分悲苦的院中陪病四十天之後，我決定在高雄設立一個工作室，希望因此能更經常探望父親與當時也年近九十的母親。在父母居所的隔棟大樓買定一個空間之後，裝修工程如火如荼地展開。因為是自己設計、組工班、監工，我們便每週兩三次開車奔忙於南北兩方，兼顧著高雄現場和台北的工作。南北往返中，我總是擔心先生全程開車太累，要求分擔部分駕駛工作。

我很早就會開車，而且是由好奇的父親，在家的近郊親自教我如何協調地踩踏離合器和油門，如何把穩沒有動力的方向盤。我在好多年之後，才開始思考到，父親之所以這麼早訓練我開車，一定程度和英國女皇不只會開車，還會修車的啟發有關。

一九四五年入伍的伊莉莎白二世開始服務國家那年，父親正在日本，三到四月的日本大轟炸時，父親以一個十八歲的青年，停留在東京近郊還未返國，他必然從二戰親自體會的各種生活艱苦，想到要更早訓練子女。於是，我早早就會開車這個事實，曾跌破許多人的眼鏡，因為他們總初步判斷我是一個什麼都不大會的柔弱少女。

事實上，我不只會開車，而且什麼車到手都能開，無論車靠左走或靠右走的國家，有沒有速限的車道，車身長或短、大或小，都不曾給過我開車的壓力。

三十八年前，屬於我的第一部車是當時稱為小鋼炮，BMC製造、兩門四座的Mini。這小型車對當時居住在台南的我來說行動力十足，但一有機會到美國，我便租了一部很長的林肯，加足馬力上下登高在開滿繡球花的九曲花街，御風奔馳過雲霧繚繞的金門大橋。

因為累積了很多不同國家的開車經驗，所以，我想都沒有想過自己還不到六十歲時，就已經「不敢」再開車了。使我喪膽的那次車禍，幸未釀成人意外，但如今想來，仍寒毛直豎。

那天從三峽出發前，我裝好兩個豐盛的便當。為了趕上下午和氣密窗廠商的碰面，我們預計利用車上的時間輪流用餐。我因為還不覺得餓便提議先開一段路再由先生接手。出發後車雖多，但順順前行。我用盯著前路的餘光，看見先生鋪上餐巾紙打開了便當。一面留意等待要轉入南下高速公路的車流，一面探問昨晚匆匆做成的菜可好吃？天氣很好，我的心情也因為幾個小時後要議定窗戶改裝的問題而很振奮。

無論什麼時間，這個路段的車輛總是很多，又因為兩個車道的滙入沒有號誌，所以大家必須更遵守順序。就在我專心等到可以進入車道時，後方一輛長 11 公尺，寬 2.5 公尺，高 3.6 公尺的油罐車竟然搶先而進，還好在差點碰撞的那一刻，我們雙方立刻都緊急煞車了，但我們那部體型只有油罐車一半大的房車，還是千鈞一髮地被身邊高大輪框和外凸的輪軸擦撞而上。

不幸中的萬幸是，在那轟然一響之後，我們沒有受傷，當天開的那部曾陪伴我們行萬里路的老寶馬，也撐過考驗，只局部受損。只是，我竟然從此失去了開車的勇氣。

事後這些年，我曾有過好幾次想過要重拾手握方向盤的勇氣，與開車的自如。回想過去多少親戚朋友曾稱讚我開車的輕鬆；但幾次之後，我便放棄了。因為，我發現在那一天中，我所失去的並不是技術上的自信，而是對人絕對會遵守交通規則的信心。我安慰喪膽之後的自己說：誰不想在安全的路上開車？有些事，你得怕；但有些事，你永遠不要怕。

事實上，這膽怯也不是一無貢獻的。不開車後的第三年，我們決定賣掉家中的一部車，並且彼此提醒要更常走路、騎腳踏車或搭公車。仔細算算，比之過去，我們對環保的盡力的確在進步中。

人生後照鏡

小女兒三十歲生日前夕，大概是受了生活和生命自省的激勵，她問了我一個問題：「媽媽，妳三十歲的時候，有沒有什麼遺憾？對工作有什麼計劃？」

提問當時，她人在新加坡工作。我們每個星期在得空的時間有交疊時，可以做一次有別於匆匆問候的長談。那天，時間雖是允許的，但我對她突然提出的問題卻沒能立刻回答。我跟她說：「Pony，這個問題真好，讓媽媽好好想過之後再告訴妳。」

接下來幾天，黎明即起的我一直都忙到天暗，但工作專注之間的稍息，孩子的問題總在我的心中盤旋。

我三十歲的時候離現在已經三十多年了，當時自己有著什麼樣的心情？怎麼思考或計劃自己下一程的生活，一時也想不起來。我忍不住翻出相簿，溫習了一下自己三十歲的樣子，從留存的生活記錄中去回想自己三十歲前的日子，再從日子的氣息中去回想當時的心情。

在相本中，我看到的是一個年輕的媽媽帶著兩個女兒，一個四歲、一個一歲。家裡佈置得樸素而舒服，兩個女孩的衣服總是乾淨可愛。有一張照片，是孩子和爸爸三個人都穿著睡衣，擁在一懷，坐在廚房的一角，那任誰看了都會覺得幸福滿足模樣的背後，是我每天親手打點照顧的窗明几淨。

我在回憶裡自問，那些持家有道和天倫之樂，是否已經使當時的我感到全然滿足？沒想到女兒的問題把我帶回從前，使我想以愛她的心，重新探望年輕的自己；也許，我想著，我也可以用年過六十歲，對眼前三十歲女性生活的觀察和推想，提出一點意見供她參考。

二十九歲到三十一歲，是我成年後唯一一段全職母親的經驗。我從不與人比較，而物質生活也確實已經很滿足了，所以沒有經濟上的煩惱。而我的家事能力很好，也很勤奮，所以親自照顧兩個幼齡的女兒和打理一個家一點也沒有負擔。然而，在更仔細的回想中，我對自己的了解實在是不夠的；因為，我沒有更好地照顧自己的成長和夢想。

在履行母親職責的身體和心理能力上，我當時可算完善，但是，我忘記做為一個女性，主動沃養自己的心田有多麼重要。我雖然對自己的生活經驗和敏銳的感受有足夠的信心，但我並沒有執著追求知識方面的成長。雖然，日常我從不曾荒廢閱讀，但是我忽略自己內心的需要，在系統知識中用功，並從中給予自己另一種紀律的訓練。

因此，我對女兒說：「回頭想，我後悔沒有利用親自帶姐姐與妳那完全沒有工作的三年去進修，努力拿到學位；這並不是說，當時或現在，我需要一個學位。但是，我認為，假如那時候的我，比較成熟，我會更願意督促自己，突破外界眼光中已經很美好的生活，離開舒適圈，勇敢地擴大自己的能力圈，接續學生時代曾有的夢想。因為，以當時的條件來說，我要把夢想變成規劃，一點都不難。只能說，我畢竟不是一個早慧的人，三十歲的我，還不夠成熟。」

有時候，我怕跟別人談起自己人生中截至目前的種種「追悔」。因為，我察覺到人們的談話中，除非涉及大家喜歡，也經驗豐富的物質主題之外；否則，某些懊惱只會得到並不需要的安慰，而隨著安慰而來的，將是開導。

我奇怪，為什麼追悔是一種沒有自信的表現，或身心壓力的來源？在我的心中，追悔單純是一種自省，還是有用的自我督促。

它就像一面後照鏡，使我能在人生旅途上一面掌握方向盤時，看到沒有建立的能力或完成的願望；幫助我用更清楚的心眼繼續往前。

我謝謝女兒這個為她自己的提問，在真誠地寫信回答她之後，我想的是，我但願這些有用的後悔，可以引導我在暮年的路上，創造出一個充滿計劃並踏實完成的未來。

「有人斯可教，有教斯可學」
和孩子們一起生活，
是我老年生活最幸福的投資。

我用關心和行動輕輕打著一個個生活夢想的蝴蝶結；
但願這些愛的繫帶，
既銜著孩子也銜著我，翩翩起舞。

生活有詩，
生活有夢，
生活有美，
挽起自己的柳籃，
去摘、去採、去收穫！

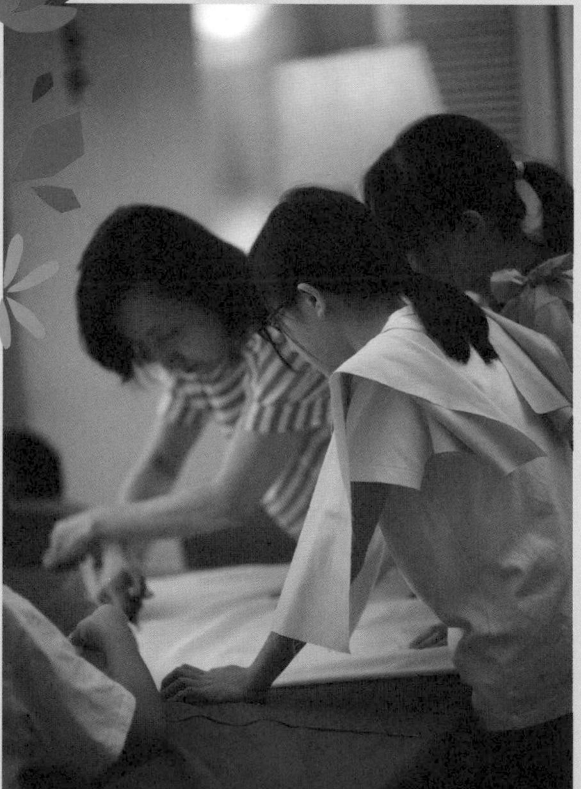

在知識中，在詩文裡，
我從不感覺到代溝和生命經驗的差距。

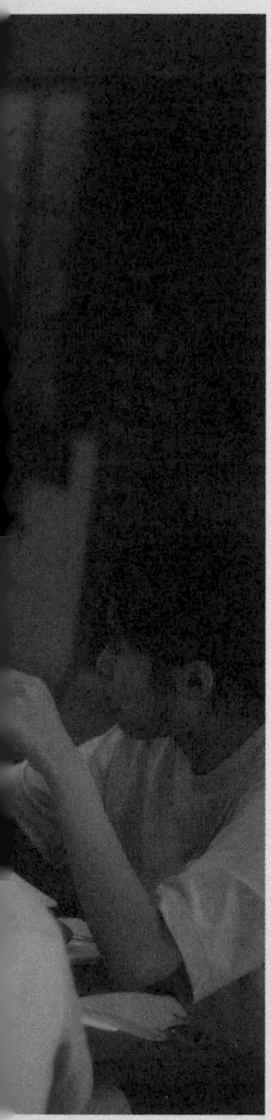

教養孩子是期待他們成長的藝術，
更是寬懷和信心最踏實的自問。

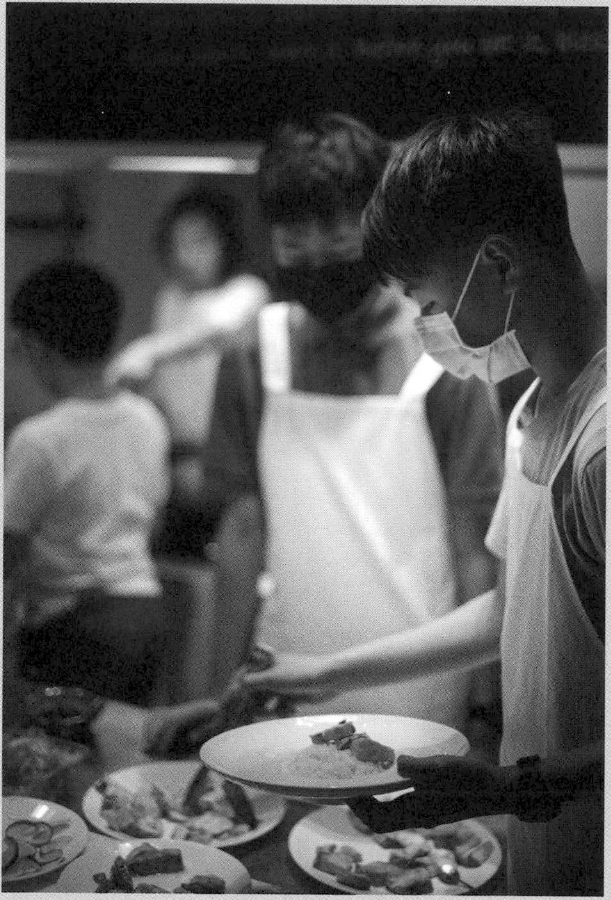

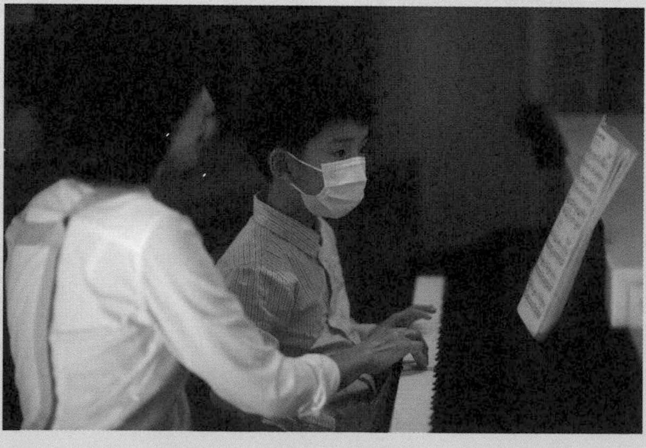

但願有一天，
我能像《老人與海》的老人聖狄牙哥那樣，
因誠心誠意地教導孩子而被愛。

真信任才能高要求；
要相信人在充滿期待的要求下，
身心都可以得到鍛練。

生活是寶貴的，
特別是有愛。

工作不只是責任，更是快樂；
成就不是天才所造，是喜悅的苦工所成。
工作是從困難和沮喪中
不斷突破出新境界的唯一途徑。

輯二

讓我有工作可做

謝謝你，嚴格先生

我喜歡跟要求嚴格的人一起工作。

雖然，有時候我的能力未必跟得上他們；而嚴格的人也未必都比我年長，

但只要是聚精會神於自己所從之事，並高規格地看待工作標準的人，都贏得我的尊敬，使我油然生起取法其上的心情。他們同時也會給我一種印象，使我相信他們是比較客觀的一種人。

我所看到的「嚴格」，當然不是人與人之間的相求苛刻，而是人對目標的精確了解。所以，跟嚴格的人一起面對任何工作，對我來說都能提昇精神上的快樂。

我親眼見過，也經歷過許多工作嚴格的人，體會過他們單純、公平和絕不輕鬆的工作方式。

我也曾在閱讀中了解過不少到類似的風格，只是在時代改變中，人們似乎開始對「嚴格」產生了害怕的心情，害怕到本是無可商量的對錯或是非，也一定要硬生生地用「灰階」思維，來批判或框架這種可以帶來安全感的工作態度。以致有時候我不免擔心，有一種明確、對己對人都一致的工作情懷，會不會漸漸消失？

對我來說，被嚴格要求和被苛刻對待並不難分辨。柔和的言語，客氣的禮貌中，也可以埋伏心機；而生硬的要求，並不一定就難以接受，端看「公平」的單純，能不能被工作合作的雙方看見並且受檢視。

史學大師陳寅恪先生從小要求家中女兒們數學一定要考滿分。我猜，不了解他治學嚴謹，並把教書工作以「匠人的精確不懈」自許，且終生奉行的人，很可能在聽完這句話之後，就匆匆趕往親子教育、心理健康的思維去下結論，說這種要求不合理，足以摧殘幼年的身心。但他那被身教言教有典範的父母養大的孩子們並不這樣想，因為她們了解，這不是無理的要求，而是精確教育的基本期待。

讀梁啟超的家書，也會在很多溫柔字句中看到不少的嚴格。他是連孩子長途旅行之後的面容憔悴、精神不夠煥發；學業優異卻少了某一種理想精神，都會直言說教的。

這樣太嚴厲了嗎？做為讀者，我並不以為。

因為，我能看到那當中有很深的愛，有父母、老師少有的勇氣，而且，我也知道說這些話的父親是怎麼樣的一個人。我說我知道，是因為我曾認真讀過梁啟超寫的《王安石傳》、《李鴻章傳》，和他當年在清華學校教學的許多講稿。他的嚴格絕不是一種單向的要求，而是看重孩子的語重心長。

量子物理創始人之一的保羅．狄拉克，曾在一場學術演講後，以沈默代替對聽眾提問的回答。在主持人的提醒與催促下，他緩緩地回說：「他並沒有問問題，只說了一句話。」

這個故事一直被當做軼事流傳，有人覺得，這個古怪的科學家太刻薄。但是，當我仔仔細細讀過他的傳記，了解那從小被建立起來的學習方式，從他那畢身未改，整齊易讀的書法、精確美感的製圖和看待科學的思維，大概就不會覺得這「嚴格」顯得太苛刻。

我至今念念不忘自己的嚴格教育來得真是時候，就在我經歷家庭教育、學校教育中，種種嚴格的好處之後，進入社會的第一份工作，又是另一場更有規模和更具社會性的「嚴格」。

通過幾場考試之後去上班，仍得有個試用期。猶記上班第一天，在一個非常美麗的辦公室中，總經理對我說：「在這個月裡，你可以隨時離職，而公司也可以隨時要你走。」我一直記得這句話，不只是因為當時我立刻認為這話說得「很公平」，同時還感受到話語中對我這個工作新鮮人的「禮貌」；假如，語法的順序調了過來，也許我的想法會有所不同。

從此之後，我就把這句話當成祝福；祝福自己永遠想到嚴格之於工作那有形與無形的「可收穫」，也從此在工作上，不期待別人對我一定要「語重心長」或「設身處地」。能得心長的重語是需要種種機緣和條件；而他人是否已為我設身處地，也沒有標準可言。但我可以要求自己要不斷學習著去了解，並喜歡嚴格的工作精神和品質。假如，我遇到真正有這種精神的人，一定要感到非常幸運；而如果，我所遇到的人只是以「嚴格」來包裝為難或挑剔，那我更要單純地去看待這種不足以掛心的相處，不要再自己加大其中的困難。

在一定程度上看，這種自我要求不只使我更容易與他人合作，也能使我快樂。

喜悅的苦工

數學家丘成桐先生的自傳《The Shape of a Life》中文書名譯為《我的幾何人生》。我讀完非常感動。

對我來說，書的內容之所以有趣，不只是丘先生的求學奇遇與人生成就，主要是我一直很喜歡讀與物理相關的科普書。楊振寧先生的每一本書我都讀過，連他那本很難找到的《讀書教學四十年》也是我的藏書之一。那是二〇一四年我開刀時，先生費心買來轉移我憂心的禮物，出版的日期是一九八四年。

我在書中讀到他從科學表述經驗來分析中英文各自的優缺點、子句結構和文字簡化現象。這是閱讀的額外收穫。

雖然，其他物理學家的傳記、作品我也讀了不少，但近代數學家的著作我知道的不多。有機會了解丘成桐這位數學家之後，我立刻找了他的自傳來看。讀完書，除了增加對幾位當代科學家，如陳省身、卡拉比、高斯的認識；和對數學系統知識在中國發展的進程多一些了解之外，也從故事中更了解真正的學者對問題的著迷和對學問的切慕、吸收知識的飢渴。並且看到他們因為純粹的工作精神，以及他人難以想像的努力和體會，而講出一般人講不出的結論。

例如，愛迪生就說了大家幾乎都會背的：「天才是一分天份和百分之九十九的努力」。而丘成桐在書中也說了類似的一段話：

「我不喜歡『天才』這名詞，差不多從來不用它。恐怕很多人都把天才浪漫化了，以為那些人能無中有，創造奇蹟，提出凡人想不出方法，或者完成驚人的數學證明。世人相信，他們的智慧是如此的高超，不費吹灰之力就能成就一切。如在電影《心靈捕手》(Good Will Hunting) 中，主角在麻省理工學院把清潔工作丟下幾分鐘，就破解了數學中的老大難題。這些情況雖說並非不可能，但至今我未見過。我的經驗是，解決數學難題需要艱辛的努力，沒有捷徑可走，除非問題本身其實頗易。而另一方面，經過漫長時間的努力，終於完成了前人沒有完成的工作，又或者沒有人認為能成功的工作，那麼算不算是天才？還是個有成就的苦工？我不知道，花時間去想這些問題也沒意思。」

我特別喜歡「有成就的苦工」這段話。記得有不少人喜歡引用創立企業阿里巴巴的馬雲演講中的一段話，他說：「世界上很多非常聰明且受過高等教育的人無法成功，就是被愛迪生的話誤導一生，養成勤勞的惡習，最終碌碌無為。」

馬雲認為，愛迪生是因為懶得想他成功的真正原因，才編出這句話來誤導我們。說這種話的人，和同意這種說法的人，也許沒有注意到自己的立論點有偏見。但就對人生與工作的關係來說，我在前兩位苦工論的科學家身上，看到了一種精神性的美；

在另一種論點中看到了一種只許成功，不許失敗，給聰明狹窄定義的心。

我在想，有些人不會了解廢寢忘食於工作的人，根本不想為求成功的人找捷徑，他們就是借用物理學名詞「應力」，來形容生理反應的科學家漢斯．塞利（Hans Selye）所形容的「奔馬」。對這些人來說，工作不是責任，是快樂；而成就不是天才所造，是喜悅的苦工所成，工作也是從困難和沮喪中，不斷突破出新境界的唯一途徑。

給我一份賺錢的工作？

一直念念不忘那一個在高雄工作室，跟孩子們在晚餐中不經意提起的話題「工作」。

當時，長桌上圍繞著我們夫妻的是九個即將從小學升上國中的孩子。稍晚，還會有一位與他們熟識的老同學，在結束台北的活動之後會趕來加入。雖然我們已經飽餐一頓，桌上杯盤狼籍，然而話正歡、笑聲漫；那份留給晚到孩子的餐點，遠遠地被扣在廚房工作台上的玻璃罩中，象徵著美麗的歡迎。

我看著眼前這些十二歲的孩子們，覺得他們既快樂，也不快樂；因為生活的擔子雖然沒有真的在他們的肩膀上，但他們也沒有顯現出真正輕鬆無憂的感覺。我想，做為一個現代的孩子，是很難輕鬆的！因為壓在他們肩上的，是一整個時代價值的「氣」，而不是實際生活的「力」。

我記不起話題是怎麼轉到「工作」上的，不過，我記得問題就如他們更小的時候寫過的作文題目一樣平凡：「你長大了希望做什麼工作」？

孩子面對一個普通但嚴肅的話題時，通常不會搶答而需要鼓勵或催促，但這樣一個大哉問，誰有資格去催促？幸而，餐桌上燭光搖曳，我們也才飽餐一頓，雜說笑談生活的閒事，氣氛因而緩和了這個對孩子來說並不容易的提問。

他們一個個想了想之後，都誠懇地說了幾句簡單的希望。在認真的聆聽之後，合理、合禮的好奇掀起再度探問希望和選職入行的擬想；笑聲在餐桌上此起彼落，而訝異和一些些心疼，也在五十年歲差中起起浮浮。

「長大了要做什麼？」

當這個問題繞桌而過之後，我感到驚訝的，不是答案不再像自己小時候被問及時，那制式地硬要突破或迎合對成人世界的解讀，而是這些雖在物質生活中受到一定保護的孩子，早早在答案中擔起了生活中愁苦的擔子。

我聽著他們想當醫生的願望，和願望中非常清楚地擇定，都是因為自己和醫療有過一段消費所得。孩子用非常直白的感想，解釋為什麼要選擇眼科或中醫：「因為，看起來滿好賺的！」記得有人問：「那為什麼不選牙科呢？」

他們更祖率地回答說：「才不要，臭死了！」

這坦率也直接構建起另一條工作道路：「當網紅、做平台」。

當我好奇地問道，這算是一種「工作」嗎？孩子便十分熱情地幫我解釋他們所知道的一切。

我怔怔地聽著，在不可能不懂他們的解釋，又不是裝傻卻不忍說破的氛圍裡，孩子們更加天真親切地解說；而我們在聽著、說著的夜色裡，迎來最後一個晚抵達的孩子。

在大家的歡迎聲中，他拿起刀叉，開始享用為他預留的晚餐。吃甜點時，我終於按奈不住好奇地問：「我們剛剛在討論每個人將來希望的工作。你呢？長大了要做什麼？」

他立刻回答：「很賺錢的工作！」

我笑了，想著孩子是沒弄懂我的問題，於是，又問：

「想要很賺錢，也要有一種工作，再從那工作中賺錢吧！」

他從餐盤中抬起頭來，很堅定地說：「我做的工作一定要很賺錢。就是那種可以讓我有錢到要死的工作。」

我沒有再針對工作多說一句話，平抑著心中的不忍時，心中泛起的已不再是一縷如輕煙的愁，而是，我不知道自己有沒有資格去了解那愁中，說也說不清楚的憂。

我在工作中看到的美

有些人在工作中看起來真是非常的「美」，於是我常常喜歡去分析他們所給予我的感受。

專注的人，很美！因為他們自然。

人們喜歡把「自然」等同於「放鬆」，但在我的眼中，我看到從專注而來的自然是「尊重自己對工作的想法」，根據每個人的長相和特質，這樣的人，神情可能放鬆，也可能嚴肅；肢體可能柔軟，也可能僵硬，但我就是可以從中看到一種「自然」，看到他在工作中「做自己」。

我並不把「自然」和「熟練」等同視之；對工作很熟練可以呈現流利，但是，有些人卻不能在熟悉工作之後，呈現依然自然的美感。只要在熟流的動作中有「耍」、「賣弄」或「輕視」，很奇怪，美感就因為自覺而不見了。

誠懇的人，很美！因為他們對自己的工作，有深刻的了解，而避免去做過份的表現，同時，又從耐心中發展出對人的善意。

誠懇常常和熱情的表現混為一談。過度的熱情，如今透過商業的傳播和誇張的表現，反而帶來負擔，因為，不夠平衡。

我相信，不同的工作在表達誠懇上，絕對不會是同一種溫度；可是一個誠懇的工作者，應該是透過自己對工作的深刻認識，而發展出恰當的溫情，從而使與之工作，或受工作結果影響的人，得到真正愉快和有用的協助。

有技術的人，很美！因為他們不只可以呈現精確的結果，還可以解決困難，使效率從抽象的希望呈現出實際的改變。

雖說任何工作都應該以技術為本位，但是，技術完整的表現，其實是深受挑戰的。因為我們往往只在面對某種工作時，才把技術放進思考中。我們會在意，並且幫忙傳播某某工匠、醫生、裁縫、律師、老師、建築的技術，然而，我們很少在一杯水沒倒得恰當的滿度，而思及工作技術。

在我的眼中，任何工作都是技術，也只有了解技術之重要的人，才能安靜下來，思考精進的意義，次次掌握自己。所以，他們工作起來，真有美感。

有語言素養的人，很美！因為他們在工作中，總是主動思考言語的重要性，不只能選擇精確的語詞，更用恰當的語氣進行溝通，貢獻了良好的生活氛圍。這些人不是為了「說好話」而勉強於說話的禮貌，給他人所謂的高貴感。他們是為了工作，又基於理解人與人之間的公平而「好好說話」。

說話雖然是一件看起來最簡單的事，但做為現代人，我們卻因為不節制的往來，和過度的影響而不易身處在舒服貼切的環境中。

記得有一次，我因為耳朵不舒服去看醫生，醫生照看後，用激越且帶著責備的聲音問我：「妳的耳朵為什麼這麼乾淨？」嚇了我一跳，我差點以為耳朵乾淨犯了法。

而在人生第一次因受毀損而上刑事偵察庭時，我卻在以為會很可怕的地方，聽到很得體的教導。因被告在問訊時顛倒是非，於是我有些急切地插話，猶記當時檢察官很溫和地制止我說：「蔡小姐，我們不是來這裡吵架的，妳等盧先生說完再說。」那一刻，我真是覺得受教了。沒錯啊！我不是來這裡吵架的；我們是因為吵架才來這裡的。

專業語言的美，在我耳中，是用人人聽得懂的字，使人會意或發人省思。

充分準備的人，很美！因為在他們身上，我們總是能看到全力以赴的結果和謙虛的神情。

我覺得為工作而全力準備，是一種心情整理。即使在一個領域中已經非常資深，有些人卻永遠能同時表達出經驗之凝練與精神的永新。那種美是我極力想追求的；因為，做為一個六十歲以上的工作者，有些年輕時可以掌握的靈巧，很可能會在不知不覺中失去。但是，每一次「要做好準備」的聲音，總是提供我安定和方向的導航。那種美是我在他人身上看見，並希望自己不要在工作上倚老賣老，更不要拿體能衰退來當草率行事的藉口。我希望在他人能包容我工作不夠好之前，我先以充分準備表達對自己的尊重。

這些美有些會同時在一件事情上呈現，但生活不會永遠都如此幸運。只是，因為感受過別人的工作之精、之美，因此我也能習得一、二，誠以自勉。

從專心中尋找自在

有一天，大家在討論求職經驗時，有個年輕人說：「我找工作沒有任何條件，薪水高低，地點遠近，工時長短我都能接受，我只想要工作使我感到自在就好。」

這看似簡單但與眾不同的願望，久久盤旋在我的腦中，好幾次，我用心思考了「自在」和「工作」之間的關係；想弄清楚它到底是一個起點；還是一個終點？

又，「自在」指的是人們對工作環境和項目熟悉之後的感受，還是「工作」本身所具備的條件？

「自在」是我們希望在面臨工作時不會有任何緊張？無需擔負任何壓力？還是工作總允許我們一展抱負，長才允放？

我不愛運動，更不會跳舞，雖然記得不少歌詞和曲調，但唱起歌來五音雖全，卻中氣不足；跳起舞來手足僵硬，像個傀儡，所以從小就不曾參加過任何載歌載舞的社團。但是，我羨慕所有能隨時起舞翩翩，引吭便能高歌的人。

我跳起舞來手足失衡和張牙舞爪的樣子很少被看見，但我的不善歌唱，終於有一天招致了一個學生問說：「老師，您去過卡拉 Ok 嗎？」

我說：「去過一次。那是陳年往事了。一九八七年吧！我的爸媽有個好朋友為孩子在台北投資了一家規模不小的新興行業卡拉 Ok，所以，我們好幾個家庭都應邀去捧場。」

我又說：「以後就再沒有去過了。」

我不是不喜歡唱歌，但是我不喜歡在特定的環境裡歌唱；那螢幕的閃動、影片的帶頭和喧賓奪主的伴奏，使我這種身上不帶有任何歌手天份的人，覺得很不自在。因為大家都說「自在」很重要，所以，我就坦誠相告了。

看著大家面對只去過一次卡拉OK的現代人，如面對一個中古人那種不平等的表情，我話題一轉，問他們可知道卡拉OK是由哪兩個英文會意而成的新詞？結果，大家發現「問又不成試又來」，一個個後悔得不得了。

「詩言志，歌永言，聲依永，律和聲」，幾千年來，文字記載中已說明能歌能舞，忠歌念舞是人的天性，但從來沒有人為歌舞定下形式。所以，我就依自己的天性，在勞動中載歌跳舞。當我在廚前灶下揮動肢體，誰說那不是「舞」；又，當我在白板上寫下一行行詩，以生活來說文解字時，誰說那板眼中沒有「歌」。這些是我知道自己一直到老、還更老的時候，仍想保持的能力，因為那既是我的生活之歌，也是我的工作之舞，更是我用來開脫自己歌徘徊，舞凌亂的藉口。

這麼想來，我在工作的選擇與發展，不也是以「自在」做為考量？再更仔細想時，我又覺得，不完全是；事實是，我早已忘了自己是因為自在而勝任？因為技術成熟而慢慢自在？還是因為自知可以勝任而自在？

我相信任何一個在工作上已有足夠經驗的人，來回答類似的問題都不能非常客觀。因為，從「不自在」到「自在」那段長而遠的道路，細節很容易被努力工作的人遺忘。有時候，它也很容易被想要激勵他人的好意而誇大。然而，我們大多數人的成長經驗並沒有真正很大的差別。

每一個人一旦成年，就為謀生或自立開始工作。需要和夢想，並不像有些人的經驗，好似兩個不同的國度，必須在需要中刻苦努力才能換取夢想。我所了解的世界也許比較狹窄，所以看到工作與生活之間，也就無需思想或心靈的護照就能通行。

日子是一天天過下來的，工作能力也是慢慢累積、修建而成的；因此，我想「自在」應該是體會中的一種安全感，是在工作中可以感到舒服的滋味。假如要以「自在」做為找工作的條件，到底是比較難的。

我相信，即使很早就了解自己興趣的人，在立定志向的路上，也必須和許許多多的人、事、物磨合。這當中，一定有很多不自在。我曾聽過，焦慮會製造假象；那麼，自在會不會也是一種假象？不過，假如我們有目標，對目標能專心，也許「不自在」會在努力工作中被拋到九霄雲外。

是誰切碎了時間

大概七年前吧，我聽到一個頗能幹穩重的年輕人，跟我輕嘆手機網路軟體的發展對工作的影響。因為，公司開始希望員工更多「即時」回報，所以工作節奏常常拿不穩。礙於禮貌，我沒有問公司是要他們立即回報工作成效，還是為了即時聯絡的方便性，主管希望隨時掌握工作進度？或是透過即時聯絡，加強對在外的工作進行監督？

雖然沒問，但七年下來，誰都能體會生活中我們被「即時」和「隨時」可以聯絡，而獲得的好處以及付出的代價。

其中之一，是時間印象的改變，它似乎變得片片碎碎。

但這裡要問的是：時間到底是什麼？誰又能具體完整地告訴我們。特別在今日世界的生活節奏中，我常常想起過去自以為懂得的時間定義，並十分懷疑自己的認識可能需要重寫。

想起時間，不禁浮現八年前在義大利的一個下午。

我們先是辛苦地爬完比薩斜塔那走也走不完的旋轉階梯之後，滿足又疲倦地坐在教堂裡。十六世紀還是位青年醫科生的伽利略，在此提出了著名的運動理論。那個被他遠遠看見的枝型燭台還在，他坐的位置也特別被標記出來。可以想像，會在彌撒中，用自己的脈搏計數枝燈的擺動和擺幅，大概當時的講道實在不甚精采，使得這位少年科學家心思如鳧鳥水鴨，表面平靜，波下卻一刻不停地思考並做起實驗。

受到他的啟發，七十年後，荷蘭科學家克里斯提安．惠更斯（Christiaan Huygens）製造出第一座擺鐘，開始把人與時間的計數關係，拉得更準確、更精細。而且不管時間是什麼，人類自己已經把時間變為我們生命的一部分，使它別具意義。

我並不是推崇舊日生活的無可取代。時代各種進步所帶來的生活改善，對我這種年齡層的人來說，不只不可忽視，而且充滿感謝。大約從十歲之後，我親眼見到台灣生活水準提高、物質普遍豐足，更親身體驗勞動被各種家電取代的輕鬆。這些歡喜都不假，但我也真的想念網路大行其道之前，「時間」與「人」相對完整的關係；「人」與「人」相對真誠的聯繫。

在那個其實並不很遠的過去，大部分的人因為不用即時回報、立即表現或無遠弗屆地監督與被監督，所以顯得更有耐心，也更專注於自己的工作內容。在那樣的時日，混水摸魚的人比較少，因為沒有多少工具可以讓人佯裝成非常忙碌。那個時候，大家比較窮，所以很在意花費的金錢是否得到應有的價值，這樣的環境和這種工作心態，不只使一切都比較公平、踏實，也使人在無意中體會了伏爾泰那致理名言中的真意：

工作可以避免三大害：無聊，惡習，貧乏。（Work sprays us from three grade evils: boredom, vice and need.）

隨著工作而來的即時效應，我們開始付出第二種代價，漸漸地把應該完整的表達，也變成片片碎碎的訊息。

網路的發展帶來知識、技術和訊息的開放，速度與廣擴達到了過去任何一個時代不曾有過的成就；可是，過度支取的影響，似乎也因此被低估，而沒有預防了。我們太習慣「即時」的好處，沒有正視這種生活過度的方便，已開始剝奪舊日生活的美好之處。

單以說話而言，大家已經習慣把話分次說，一句、一句丟著傳。一種溝通上應有的完整性和形式美，眼看著慢慢消失在日常生活中；取而代之的是：片碎表達所帶來的慌急之感，以及，工作上的不少錯誤。

在這種片碎的表達習慣下，感受力和創造力也會慢慢變差。大家複製著套用的句形與新字，孩子們無法在真誠的影響之下，完成應得的情感教育。然而，正確的表達是每天可以汲取的快樂，俯拾皆有的美麗。

身為一個有點年紀的現代人，我努力訓練自己去過較完整的生活，所以，我得思考並有計劃地走一條自求多福的道路。於是，無論在生活或工作上，我常要提醒自己：調整習慣（包含說話與手機的使用），好好規劃生活步調，拒絕不必要的干擾，更看重完成一件事情或任務所花費的時間。

我看過一篇計時歷史學家，為鐘錶產生使人成為時間奴隸的反駁之說。作者說：「鐘錶使人知道什麼時間屬於別人，什麼時間是他們自己的。」

論及工人的時間自由時，他又論道：「實際上，工人現在比過去任何時候都自由。沒有鐘和錶，就沒有現代世界。鐘錶是一個複雜而協調的社會，有別於一個對時間只有模糊概念的原始社會。」

雖然，他的話已遠離今日的世界概況，但我很同意這段話，因為，我同意人無論在什麼計時公約或時間觀念中，仍然能夠控制時間的使用，和主動了解時間對我們的影響。

只要，我們有心好好利用它，好好掌握自己。

面對工作，忠誠最美

第一次經過那家佔據著三角窗的自助餐廳時，我沒有特別注意店裡的營業狀況，因為，餐廳招牌上寫著「素食」。囿於童年成見，我以為專賣素食的餐廳，常以花生油來料理食物；而我怕花生油的味道。

雖然不曾進去用過餐，但幾乎每次經過，總看到工作人員個個都很忙碌。用餐時段，大家疾步走動、整理菜盤、裝配便當；離鋒時段，腳步也不見慢緩下來。更讓我訝異的是，他們的工作時間開始得很早，而結束洗刷時，不只已經很晚，清潔工作也做得很徹底。看到橡膠管引水而刷出的滿地泡沫，和架上一列列洗過正在滴水晾乾的用具，心裡不由地升上一股敬意。

這種敬佩之情旁人不一定能了解，我卻從自己的勞力經驗中，體會到店家堅持和貫徹之不易。在這個各方價值觀已經很勢利，而人工更是越來越昂貴的社會，我該怎麼形容自己從那不斷出現的景象雜揉而出的感受呢？

假如只能一語帶過，我想我會用最生活化的語言「不偷賴」來概述。然而，這三個字雖然極其真切，卻像上司對下屬、老師對學生那種缺乏敬意的稱許，不足以說明我心中對這個店家日日作息的印象。也許，我應該這樣說更貼切，是「忠誠」！

我心想：一個人要對自己的工作如何地忠心不渝，才能在好幾年（或幾十年）裡，一次又一次，不因為要受檢查，且不被看見地這樣認真地工作著？

我曾在《大唐西域記》一書中，讀到玄奘在亡命去國十九年之後，雖學成名立，但歸國第二十七天就開始譯經，直到臨死前二十七天才停筆。我也曾在一封封家書中，讀過梵谷對繪畫、藝術與人生的熱忱和忠誠。但除了留傳於文字的啟發，我更感動於身邊人與工作的忠誠關係：沒有高調、沒有特別故事的日復一日。

終於，見證過這不變的工作景象好久之後的有一年，我才走進店裡。為了證實自己的感受，而不為需要，我夾了一小盒菜餚；那時，父親剛病下。只買一小盒菜，是因為母親家也總備有三餐。那一天，母親聽我講述何以從外添購菜餚的緣由及心情，品嚐後，她也稱讚這一小盒菜有預想之外的美味。

此後，我每一次回家探親，都會去親近那以賣力工作表達不渝熱情的自助餐廳；有時散步而過，也會去添購一盒菜帶回家；儘管家中餐桌上菜餚已經足夠。而後，高雄工作室設立，因為瓦斯大飯鍋已送人，有時我不好意思地去跟他們買白飯。

又過了兩年，我終於鼓起勇氣，給其中一位經常見到的女士寫了一封信。我因為害羞，只好請媽媽班學員代我送出一份禮物與信件，希望能表達自己對那不曾停歇的工作腳步，與見不到疲倦、抱怨的工作身影所感受到的溫暖。

親愛的女士您好：

我在十年前因拜訪父母經過您的店。

這四年來，因父母年老生病的關係，而成為您的鄰居。

每個月一次，我會在高雄停留幾天，有好幾次麻煩您提供我們所需要的食物。因此更了解您是如何盡心盡力地經營這個支援了社區飲食生活的工作。

多少個清晨與夜晚，先生和我散步時經過店門口，看到每一位員工的準備工作與收拾的辛勞，幕幕都深深地感動了我。

因為我也從事相關行業三十幾年，完全理解箇中的辛苦，與日復一日能昂揚工作所需要的熱情。看到您時，我會想起一個小故事，故事中說：天堂只有兩種人，佛跟菩薩，而每一個佛的心願，就是把菩薩教成佛。

我不是佛教徒，因此懂得不多，卻很喜歡這個故事。希望您能了解我的感受，並知道我從您的工作形象中所得到的鼓勵。

一九九六年我曾在曼谷居住幾年。偶然的機會中，我看到了一幅銅鑄佛像。雖然與信仰無關，但因為非常美麗，就決定買下收藏。心中覺得，有一天，必然會出現另一個更適合的地方來安置祂。

這一年來，我一直想著要把祂送給您，又覺得很冒昧，因為一直未正式與您相識。終於決定在今年的母親節，鼓起勇氣給您寫這封信，並希望您能接受一個陌生客人對您的工作致敬。

蔡穎卿敬上 112年5月21日

忠是敬，誠是真；

人若能這樣面對自己的工作和人生，多單純！

尊重有美化心靈的作用，
對授受雙方都如此；
行動有治療作用，
對習教雙方也如此。

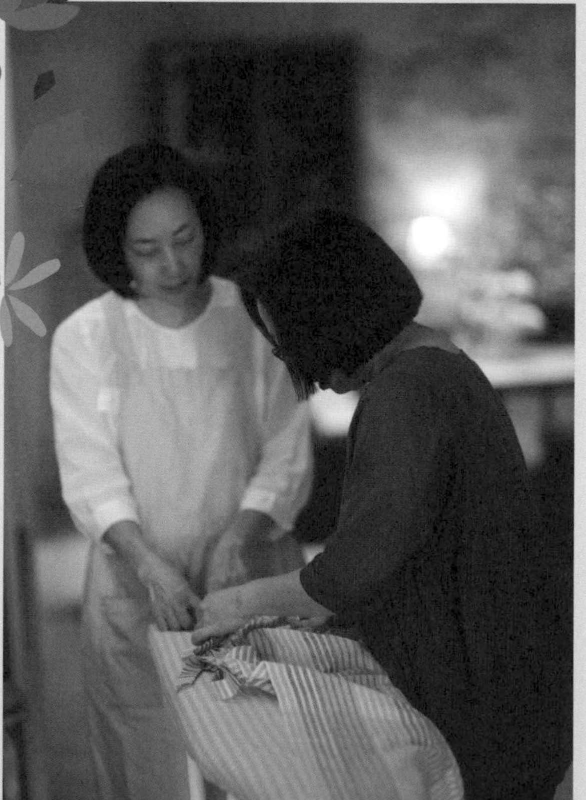

生活有自己的語言和音樂，
這些音樂由行動傳送；
如果夠靈敏，就能聽得到。

去耕耘生活，
在汗水中人會感受到一種不可言喻的幸福：
對人對己滿懷希望的寧靜。

我願是生活中的老園丁，
努力、培育、讓自己和人們看到它的不尋常和美麗。

在父母先後故去的此時，我才發現，
他們在甘苦交雜、漫長的一生中，
從未對我們顯現過一絲脆弱。
那是什麼樣的一種意志？是怎樣的一種美感？

輯三

相念一生

推倒吧！媽媽的美麗勇氣

我的母親是一個不可思議的人，她不只聰明、能幹、耐勞、好學，而且非常、非常敬業。她是我生命中最早、也最理想的「工作導師」。

回想起來，我總是用兩種眼光仰望她：一種是每一個孩子都有的孺慕之情；另一種是一直想要自己早些成熟，以便在工作上與她匹配，砌磋各種問題。

媽媽是第一個讓我了解，可以把「母親」這個角色視為工作，兢兢業業地向前。也是第一個為我展示，職場和家庭工作雙肩齊壓時，仍能昂然自如的勇者。

形容媽媽是我的「工作導師」，絕對精確。因為她不只從小手把著手、言語清晰地啟蒙我的各種生活自理能力，也以她喜愛知識的熱情，和精妙的時間管理，開啟我對人和工作，有廣義且永恆關係的認識。

她的許多工作習慣，我恨不得都能擁有，例如：仔細觀察、條理分明、能按部就班，也能突破框架、持之以恆……她的工作性格對我影響之深，也只有我自己能夠了解。

母親是講故事的能手，但講的都不是童話故事或戲曲傳奇。即使在童年時，她對我們說的也多是環繞她這一生、所遇的人物、所發生的事情。正因爲這些事都是她真實的體會，說起來就格外生動有趣。其實，現在想來，母親告訴我們的故事，篇篇都是夾敍夾議的好文章；她在說的同時，總讓我感覺到一種她對自己的反省或自信，因為，她是一個可以客觀到為自己評分的生活者。

在母親一則則說給我們聽的故事中，我最喜歡的是，一個關於她回憶自己複習功課的習慣。

根據她自己和老同學們佐證，媽媽是一個文理分數不平均，但功課很不錯的學生，靠的是她的聰明，和遇到問題可以專心準備的態度。雖然離開學生生涯之後，她對自己最大的追悔是不夠穩重、仗勢自己的聰明；但我想，那些她看到的缺點，其實在後來更漫長的人生中，都一一改正，並貢獻給我們的家庭了。不只如此，我更在她透過說自己的故事中，了解改正自己的缺點，不只是一種美麗的勇氣，也是真正能改變命運的力量。

媽媽說，她在高雄女中就讀時，每遇大考就把所有科目的書、講義，全都整齊地堆疊在榻榻米矮桌上的一邊，分配完複習的時間後，開始什麼都不想，非常用心地複習。每讀完一科，資料就挪往桌子的另一邊，一科一科逐件、逐本地疊高。幾天過完，書全複習完了，桌上的一邊，除了文具之外全空了，另一邊出現消長後的書山。

她臉上帶著一抹調皮又得意的笑，告訴我們她接下來會在那堆書山前，以端正跪坐的姿勢，然後用盡全力「一把把它們都推倒」。說完，她在我們想都沒有想到的訝異中，輕輕鬆鬆地結論這個奇特的舉動，並用一個問句補充說明：「都讀完了！不是應該推倒嗎？」這時候，我看到她帶著征服之後準備受檢驗的自信。

在她人生最後的十年中，我常常想起她這個好玩的舉動，想起她那種面對責任，即使有一時的怯懦，也會很快整頓自己身心的習慣。永遠都是把責任先清點好，再開始目不轉睛地投入，然後在全力以赴之後，一把推倒自己心裡的戰功。

九十四歲這一年，我相信她也是以這樣的心情離開人世的。十月的一個黃昏，在我們親自幫她從頭到腳都做好清潔工作，換上乾淨的衣服之後。她閉上雙眼，準備啟程。那一秒之間，我摸著她那微微隆起、灰白相間、髮量還頗多的前顱，想起她也許正以極有限的力氣，在推倒自己這一生克服責任和困難的有形功績，以她一貫的風格，結束人世間母親的工作。

節制是為了負責

開始成立工作室，踏踏實實、親力親為地實踐杜威的「生活即教育」：

Education is not preparation for life,
Education is life itself.

轉眼已過十二年，從一天相處，到有了高雄工作室，能日昇日落地相聚，以隔代之力、隔代之情、隔代的觀念來教導孩子，既是榮幸，也是苦力。

榮幸的是，假如沒有孩子和我之間，那座由父母搭建起的信任橋樑，以現今的社會，我有很多理想是堅持不下來的；而自以為十分努力掘出的意見溝渠，也不一定能相通。

説苦力，是因為二十四小時照顧孩子的身心平穩，又期待實踐生活即教育，單靠熱情是不夠用的。全方位的能力，我問心無愧，但體力就絕對要受挑戰。然而，因為父親對教育的愛，因為母親札實的生活能力，也因為擁有自己認為足夠理想的環境，來進行家庭和學校的折衷教育，所以，我就這樣「撐下去」！

十二月中旬我重返歐洲，完成自己在九月旅途中，接獲母親病危傷心離開時的一個心願。飛機航行中，我看了一支短片，非常感動。

片子記錄的是，科學家想知道沙漠象是如何在挑戰不斷增加、難上加難的環境中，取得牠們的生活成就。被紀錄的幼象，是八年來第一隻挺過六個月的後代。片中說，小象這一項大成就，不光是對牠的家人，也是對整個物種的榮光。

我看著影片中那隻小小的、頑固堅強、別無他顧，只是跌倒又爬起，爬起又跌倒，卻一直、一直盡力走下去的小小大象，沒有辦法描述心中的感動。又看著環繞在這隻小象身邊的母親和長輩，牠們除了以勤奮的身教不斷走、延長哺餵期之外，既不能代受小小身軀的任何挑戰，也無法代勞減輕辛苦。

兩代大小身影如此懸殊，但環境的嚴苛完全相同，靜默的行進、覓食之途，只見跟隨的腳步如此艱難，但愛的感覺卻清晰可見；從困難生活編織的細密網眼間，漉漉流出的愛，使我汨汨淚下。

紀錄的結語很美，科學家說，他們認為，這些大象之所以能夠在看似毫無生跡的地方繼續活下去，是因為：

牠們調整自己的習性，

牠們掌握了沙漠的祕密，

牠們仰賴彼此，

牠們聽長輩的話，

牠們也將自己掌握的知識，代代相傳。

能將自己掌握的知識代代相傳，聽起來很理所當然，也好像是一件大家都能了解，並且已經順利進行的生命工程。但實際上，我認為每一個時代，面對這個問題都如身臨波濤洶湧的困難。特別在教育理論百家爭鳴的今天，在地理上與精神上從未達到過的全球化之後；舊的存留與新的進取，更展現了一個未知的、如賭局一樣的未來。

所以，以我的年齡、我的經驗和我並未故步自封的進取心，我想的是：

去保護、去守望，用自己擁有的環境和力量，像大象長輩那樣地去完成我可以完成的生活使命，不用貪心，不用去過度解讀自己所能擁有的影響力。因為，說的人已經夠多，做基礎工作的人還遠遠不夠。

因此，有不少時候，我得用我所知道，且親自體會的事去告訴孩子，說服他們相信，我的要求不是沒有根據的。而關於閱讀，就是一件我也許會與許多人有不同意見的教育觀。

我的母親文字能力很好，閱讀很廣。父親病倒後的近四年中，我們倆在承受很多壓力的同時，最輕鬆自如的時候，就是談彼此都讀過的書、知道的詩，和歌。

以一個九十幾歲的人來說，她對文字與閱讀的熱情，單從一種習慣，就不難被了解。比如說，當我跟她談話的時候，如果用了一個她不了解的成語，或說起她已經有些遺忘的哪一本書或某一個文段，她會很執著地跟我說：「去拿紙筆來，寫給我看。」

沒有見到字，她是不會輕易放過這個談話的。

記得，有一天，我們談起林語堂的《京華煙雲》，媽媽除了把所有書中主角的名字一字不誤說出來之外，還很挑戰地問我：「妳知道這本書翻譯成日文叫什麼嗎？」

還好我知道，立刻說：「北京好日」。然後，她很嚴謹地架起她的眼鏡，認真地檢查我是否能把這四個字好好地唸正確。

這樣一個到九十幾歲對文字還深感興趣的人，可以想像，她曾如何沉迷於閱讀？然而，她是一個在八十年前，被一對小學都沒有畢業的父母，白手起家努力讓女兒成為光復後第一屆高雄女中高中部的學生。這樣的父母不會輕看生活，自然也不會任由女兒一味沉迷於閱讀之中。終於，有一天，母親挨了外婆的一巴掌。

首先聲明，我講述這個家庭故事，並不是鼓勵父母體罰，但我完全可以了解，在那個年代，即使家中經濟已十分富裕，但事業還在擴展時，外婆因喚不醒整日埋首於小說的女兒，氣得一巴掌把她從恣意的閱讀夢中打回現實生活，告誡她跟著佣人認真學做飯菜，別自以為是。

外公和外婆對母親說：「我有婢錢給妳，未必妳就有使婢差奴的命。」

母親的性格是特別的。這一巴掌，完全沒有在她心中埋下任何怨恨，或從此不滿母親的嚴教，也沒有為此放棄閱讀的興趣，或加碼地為反對父母權威而合理地、暗地更放縱自己的興趣。

母親告訴我，她從那一巴掌學到一件事：節制是為了負責。

所以，媽媽不學麻將。她告訴我，自己對玩很認真，以她的個性，她會沉迷。所以當大家都在玩的階段，她因為整個家庭，身上背負太多責任，總是節制。

從一個女兒對母親的角度，我覺得「欣賞」不是一個夠敬重的語詞，我會說：我仰慕母親對自己的認識，和管理自己的智慧。

太陽每天都會升起

我從警察局做完筆錄出來的時候，心中充滿了怒氣。

這已經是兩年多前，惡鄰毀損案新近刑事二審定讞、不得上訴之後，他心裡不服氣又想起的一個無聊招數。

這次，他告先生和我「偷竊」，因為我們終於能在他被判刑，並由法律明文宣告產權之後，把他故意堆放在騎樓的破爛桌椅送走。

雖然我們的這個舉動沒有犯罪，但還是得去警察局，接受他們報案後應完成的工作。

筆錄時間是晚上八點。我被迫從工作室一年兩度最愉快的「媽媽班小住校」的餐桌離開。五福四路派出所離工作室不遠，我可以安步當車。但要從燭光搖曳、談笑風生的餐桌中途抽身，實在是一件非常掃興的事。

在警局做完筆錄之後，我比去時更不開心，雖然知道燭光仍然搖曳的餐桌上，有十位媽媽班的學生正引領期待我回去；雖然，筆錄的過程也沒有任何不愉快，但一想到這些年，因為一個人的故意無理而虛耗的社會資源，和我們個人付出的時間、精力，心裡還是忍不住地生氣。

走著、走著，我的腳步靠近母親生前的住處。突然想起，她這一輩子時常宣告的一件事是：「不要去看太多骯髒汙穢的事，不要去想、不要喜歡討論社會人心灰暗的一面；要知道，不管世界多麼陰暗，太陽每天都會升起。」

想起母親一輩子處理過多少困難事，面臨過多少難題和沮喪，她知道自己有悲觀、抑鬱的傾向，因此刻意那樣教育自己，也趁機教導我們。思及她常說的話，我的心漸漸地平靜了下來。我想，母親喜歡的生活哲學就是「要學日規上的針，只計晴來不計陰」。

她離開人間的事實，直到現在，對我還是時幻時虛。即使我從歐洲趕回時，自己都不確定如布娃娃一樣、全身沒有一處能自主著力的她，是否還認不認得我？但至少，親手為她洗了頭、洗了澡，還把她已稍長的髮尾修了一下，然後在隔一天的黃昏，在很靜謐的氣氛下，與家人看著她閉上雙眼、嚥下最後一口氣，冉冉而去。

在那真實的床前送別之後，我還是經常感到她「在」與「不在」的恍惚。有時，我不禁懷疑，是不是因為我已經是一個「老孩子」了，又因過去與母親有很深的思想溝通，所以她的「在」，很大部分是我體會到自己的存在和自己思想觀念的存在？

心裡突然想起了希爾．西爾福斯坦那本小小的書《The Missing Piece》，失落的一小角。

想起母親所能給我的一切，如今已不可能再有。我想與她談話、問她意見、藉談話獲得愉快和安慰的機會，都不可能再有。但是，我可以像那個圓一樣。在失去她之後，我更知道：曾經有人這樣愛過我六十幾年，給予我盼望，教導我等待日出的感受。

我應該可以堅強，覺得自己的情感並不殘缺。我應該有能力可以經歷困難，而依然完整。而完整，不一定是一個真正的圓。

往年的聖誕節，母親總讓瑪麗把聖誕樹在十二月初就佈置起來。樹腳有她和摯友柳子奶奶七十歲時親手縫的拼布圓墊。雖然看起來很舊了，但有種生活依然寶刀未老的雋永。聖誕樹上掛著三十幾年前，她自己買和我逐年為她添加的飾品。流變的閃燈，既帶走歲月，也帶走了她。

母親離去的那一年，我於十二月初又遠走他鄉，在歐洲的小鎮度過第一個沒有母親的聖誕節。想好好地回憶三十八年前，她如何在聖誕前送我出閣，看我成為新娘時，心裡的擔憂和祝福。

我的嫁妝很奇妙地雜揉了母親對我的了解，既有成熟的期待，也有童心的保存。那一組跟著我出嫁的熊玩偶便是最好的明證。

三十八前，嫁衣的設計和為找得一雙她覺得夠細緻的針鈎蕾絲手套，梳妝檯前的瓶瓶罐罐、婚後頭幾天的衣服訂製，我們母女在一九八五年十二月的忙碌，已經成為我對歲末永誌不忘的記憶。

母親常說，她差一點留不住我，因為一九六一年那個九月的大颱風，東部的狂颱把門吹開，差一點就掃中她臨盆前的便便大腹。然而，我順利生下了，並且絕沒有少費心思地接受她的撫養、教導而長大。然後，在我過完六十二歲的生日不久後，她走了！

母親留下「人生有日出」的信心給我，就像告訴我⋯⋯

黑夜不能阻止日出，

難題永遠不應該澆滅我心中的希望。

不容脆弱的意志與美感

沈從文先生的中篇小說《邊城》刊出之後，算算至今也快九十年了。我分別在年輕、中年和父親過世後，重讀過這篇小說好幾次。每次都在故事中尋得一種自然、美麗的慈心愛意。

書中，情感從不同的人身上發出，在生活的現實中交織，雖然是一篇不斷有傷感、厄運出現，而結局也只是把希望和失望，同時置於未知明天的虛構故事，但透過人物的彼此對話，卻使我看到自己所希望的一種潔淨與堅強。

對我來說，生活中如果沒有這種信心，很難有幸福的遠望，工作也很難源源不斷地產生動力。尤其，我認為自己生逢一個與狄更斯《雙城記》著名開篇差可比擬的時代：

這是最好的時代，也是最壞的時代。

這是智慧的時代，也是愚蠢的時代。

這是信仰的時期，也是懷疑的時期。
這是光明的季節，也是黑暗的季節。
這是希望的春天，也是絕望的冬天。
我們的前途萬物具備，我們的前景一無所有。

生活改變得太快，以能力和年紀，我不會用「適應」來形容自己對社會種種觀念，和實際方式的應對關係。因為，「選擇」、「抵抗」、「積極改變」和「趕上」，才是真正運作於我漸漸老去的力量。這四股力量其實也都得自觀察，是我自願的調整和加強。它們維持平衡於其中，象徵著溫和的支持，所以我稱它為「理想」；它們也象徵著激勵的支持，所以我告訴自己「不可脆弱」。

易感愛哭並不是脆弱的表徵。我完全可以接受自己對人對事的情感豐富，也充分了解流下眼淚的其中喜樂。但是，在應該鼓起勇氣去面對現實的困難時，如果我傷情地忘了所以，或應該充實自己、下足苦功、素直地去迎接挑戰時，卻想到倉惶走避，那麼，如此的脆弱就從未帶給我任何一絲過渡的力量。因為，我並沒有順利度過那些未來也許還將出現的困境；甚至，在時間悄悄過去之後，我連雖戰而敗的經驗都未取得。

咬緊牙關的人那堅強的外形，在運動場和各種人生戰場上，是我們常見到的典範。無論男女，他們可佩的精神，使我們見到不斷突破體能，如足球中的比利、馬拉松的阿貝貝或戈蒂塔。我相信，日常生活中，精神上的堅強者也一定很多，只是他們無法透過一場場被矚目的競賽，直接將鼓勵貢獻給我們。

所以，我又想到《邊城》中的翠翠和爺爺。那個說起來在我們生命中必然有的深愛，有時候竟然能溫柔到使我們脆弱，包容到我們允許自己不用面對現實。誰能在愛裡對我們說：

「不許哭，做一個大人，不管有什麼事都不許哭。要硬扎一點，結實一點，才配活到這塊土地上！」

在堅強都來不及的世界中，我有時會以一個六十幾歲，已經成為孤兒的心情，和非常想要扶持兒童的心意，想起書中的這句「不許哭」！

同時也想起，我曾和多少孩子，陸續背過的一首詩——吉卜齡寫給少年兒子的〈假如〉中的一段：

「假如你能強迫你的心、勇氣和體力，
在它們早已枯竭時為你效勞，
因此當你一無所有，
只剩下吩咐它們：『撐下去！』的意志時，
你就這樣撐下去。」

我特別喜歡「意志」這兩個字。也是在父母先後故去的此時，我才發現他們在甘苦交雜、漫長的一生中，從未對我們顯現過一絲脆弱。

那是什麼樣的一種意志？是怎樣的一種美感？

如天之真，憶爸爸

大概半年多前，有位學員提到她爸爸的重病，傾訴當中，一時傷心難抑地哭了起來。

她說：「兄弟姐妹當中，爸爸最疼我了！」

看到她這麼傷心，心裡很難過，拍著她的肩膀時，我跟她說，不要這樣說，更不要想「爸爸最疼誰」，因為，沒有一位父母希望他給過孩子這種分別。

我對天下父母心的認識，是爸爸給我的身教，也是我感覺他的心胸寬廣，自然真誠和最適合為人父母的一面。

我相信爸爸是不會刻意去想「自然真誠」的修養問題，那只是他的天性；但他的確自小就引導我做一個心胸開闊的人。

說起來，他的方法也很奇妙，爸爸不會說：「不要在人事中困擾自己。」只告訴我，看天空、看宇宙，探討科學，動手實驗。他粗壯長毛的可愛雙手，在說到科學宇宙時，從胸前像兩扇門那樣劃個圓弧往外伸展，教我知道愛與寬廣都要往前、更要往遠處看。

從事教育卻如此沈靜寡言的爸爸，到底是天生「笨口拙舌」，還是打算施行「無言之教」，這大概是誰都說不清楚的。思索自己六十年來的回憶，我也想不出任何深刻的字句，來形容他對愛的體會與表現。也許，還是「如天之真」最適合爸爸。

他真是個「很好玩」的人，但是不會說笑話，不會炒熱氣氛，甚至可以說，平常人聽得懂的笑話，他也聽不懂。

因為爸爸絕不會裝傻，逗可愛，所以，起先大家就想幫他解釋一下，但那種熱情總支持不了多久就氣餒了。最後，他那種百思不得其解的樣子，只提供了終身伴侶另一種發笑的可能。然後，媽媽就在那一次又一次的「笑果」中，思考著月下老人何以把才思敏捷、永遠務實的她，和反應憨慢又天馬行空的爸爸，用紅線綁在一起，還給了他們六十七年的共處。

爸爸似乎從沒有過這種疑惑，他可是很喜歡命運的巧思。每當媽媽想起他們的相親紀念日竟在「愚人節」時，爸爸對命中注定的喜悅，就讓我想起英國詩人羅伯特．白朗寧，寫給和他一起私奔的妻子伊莉沙白的那首著名十四行情詩〈我多麼愛你〉的結尾：

「倘天意如此，我唯有愛妳更深。」

的確，尤其退休之後，爸媽日夜不離，又進入另一種生活相處模式。他對媽媽所主張事物的尊重與信任，和自己突破羞怯後，常常公然表達的熱情與愛意，一年又一年教育我體會到：少年夫妻老來伴的「伴」字，是豐富、深情，並要自己加增意義的。

家中每個孩子都從父母身上遺傳了一些特質，我點數了一下，除了外表上像爸爸的粗寬眉毛和羞怯的表情之外，習性上，我也是熟睡的時間很短、喜歡半夜起來窸窸窣窣、有點子立刻行動、看到事情想要改善、對食物充滿好奇、很會給配偶添麻煩，和，對他人的痛苦有感同身受能力的人。

爸爸見不得他人痛苦。於心理上的痛苦，他因為不善言辭而難給有力的安慰；但對生理的痛苦，他永遠盡力而為伸手援助。如果有人告訴他，肚子餓或想上廁所或哪裡疼，爸爸是絕不會坐視不管的，從表情到行動，誰都會了解他油然而生的同情。

我常在想，爸爸蘊藏在溫和沈默當中的行動熱情，有心人是容易理解的。一路走來，除了大家口中的「校長人很好」之外，也還有人永遠點滴在心頭。

有一次在報上讀到中研院游鑑明女士（中國婦女史專家）的受訪文章，當中就有爸爸的身影：

「考大學時，我的第一志願是中文系，但錄取我的卻是以西洋史和近代史為主的政大歷史系。因為喜歡用歸納方式整理歷史，我高中時的歷史成績還不錯，所以沒有進到第一志願，我還是能接受。在學期間，我曾思考畢業後的走向，教書、做研究、當編輯或出國深造，都是我所嚮往的，於是我修了教育學分、也去補習班上考托福的課程，但因為自己行動不便（游女士坐輪椅），教書、做研究、出國對當時的我，根本是夢想。

政大歷史畢業後，我圓了第一個夢，在艾文博（Robert Irick）博士負責的美國亞洲學會在台辦事處擔任編輯索引的工作；之後，該機構結束台灣辦事處。我到中研院史語所當芮毅夫院士和桑秀雲女士的約聘助理，工作大約半年多，因為我投遞履歷表到臺東新港國中，蔡芹能校長特別到台北看我，而且二話不說，聘我去該校任教。一九七五年二月，我離開台北，到了這個陌生環境——台東，一直到一九八七年正式離職。」

也許，爸爸的慈心善意對游女士奮發圖強的一生，曾有過真正的一點幫助與鼓勵；而身為家庭成員的我們，卻因為不停沐浴在他那「言有盡而意無窮」的溫良與可愛中，因此永遠感到人生有味、美善與無限可能。

生活幽默大師，憶岳父

在追求 Bubu 的時期，我曾到師大去探望當時利用暑假進修碩士學位的蔡伯伯。他帶我去吃牛肉麵，意外的一人配一瓶可口可樂！這在當時是多麼新鮮而有趣的想法，沒想到多年後，吃麵配可樂竟然成為時尚的飲食搭配，不得不佩服岳父的新潮與前衛。

之後，我又曾去台東 Bubu 家拜訪，不知是巧合，還是我們介紹人的刻意安排，我和岳父竟搭同一班飛機回台北。兩個拙於言辭的人坐在一起，可想而知，那五十分鐘航程會是多麼漫長而緊張。

當飛機緩緩升空後，我鼓起勇氣打破尷尬的場面，開口問了一下當時的「蔡伯伯」，學校有多少學生?慈祥和藹的「蔡校長」面帶笑容地為我述說學校的情況，忽然望向小窗外，回頭指說，現在我們正飛越新生國中的上空。

我傾身順著手指下望，學校的運動場清晰可見。擴建的工程正進行著，「校長」期望學生除了在教室學習外，要有更多的空間能曬曬太陽、呼吸新鮮空氣、鍛鍊強健的身體。在談著「校長」所心繫的學校、師生時，飛機竟很快就降落在松山機場。

結婚後，家族會利用暑假在美國會合。有一年，在大姐家相聚，那時岳父正熱衷於研究針灸，經常往自己身上插針，同時也很想「治療」家人，大家都嚇得躲的遠遠的，只有我這傻傻的小女婿，竟然不經意地表示自己有點頭痛（年輕時有偏頭痛的毛病）。爸爸很興奮，立即準備針具要幫我「治療」。在不敢違背岳父大人的盛情之下，我硬著頭皮端坐在桌前，內心多少有點忐忑；現在回想，當時恐懼的也許不只是我，因為爸爸各倒了一杯伏特加給自己和我——一杯可能為自己壯膽，另一杯則用來麻醉我這個自動送上門的白老鼠。

當針往頭上一插，頓時鮮血順著額頭流到臉上，在旁的家人一起驚叫著阻止，爸爸只好無奈地草草結束他的「療程」，並遺憾地嘀咕道：「把這些壞氣和汙血放出，病才會好。」同時，又不忘回頭問我：「現在頭還會痛嗎？」不知是嚇得不敢再痛，還是真的有效，我如實回答突然不再痛的狀況。此時，爸爸臉上泛起了一股得意的微笑。那種調皮的表情，很少出現在他慈善但總是端莊的臉上，但我曾見過幾次。

爸爸除了對生活周遭的事物充滿好奇之外，科技的發展也常讓他讚嘆不已。十幾年前，他看到我們和在美國唸大學的女兒們 e-mail 往來，也很想試試，於是我幫他準備了一套電腦，他也給自己的 e-mail 設定了一個可愛的帳號「foodresearch」。

他很認真地把開機、上網、軟體登錄的各項程序記錄在紙上，有時會很不好意思地把我招到書房，低聲地說：「這些程序我亂掉了，可不可以再從頭告訴我一次。」

文字輸入一直困擾著爸爸，除了不熟悉注音符號的輸入外，更大的困擾，是他那粗大的手指，即使採用一指神功，也經常會一次按到兩個按鍵。還好手寫板可以解決這個問題，從此，爸爸時常在 Yahoo Japan 上流覽著各種資訊。

他總是一心多用，自得其樂。當我看著一位長者熟練地玩電腦上的「新接龍」，聽著 YouTube 傳來的音樂，還不時轉換畫面到搜尋網頁；同時桌面上還有等待完成的剪報資料，再加上岳母對他三更半夜不睡覺打電腦的抱怨，完全就像見到一位「趕上潮流」的迷網老先生。只不過，整天掛在網上的年輕人，求知欲可能還不及他呢！

爸爸看待事物永遠往更美好的方向望去，因此，他常說的一句話就是「還有改善的空間」。有一次，他老人家開刀住院，醒來後他開始觀察周遭的儀器設備、護理人員的操作程序。雖然非常稱讚現代醫學科技的進步，但是他覺得設備的擺放位置、方向都「還有改善的空間」。於是，他很婉轉、很客氣，不厭其煩地，向前來病房的醫護人員提出他的建議。當然，醫院首先「改善」的，就是儘快讓這位可愛的老人家出院。

這種看待事物的眼光，完全遺傳給了他的女兒 Bubu。所不同的是，爸爸著眼在儀器與效率上，而他的小女兒則非常敏銳地感受著環境與氣氛的「可改善空間」。

Bubu 曾在曼谷和台灣動過兩次大刀，當她從麻醉的痛苦中清醒之後，不曾多加討論病情，卻對手術室、病房的顏色軟件、醫護人員的語調用字，有很多「可以再更幸福」的感懷。

爸爸因為天真直爽，有時候也把這種「還有改善空間」的建議，一字不改地用來回應媽媽的料理，當然，下場不是次次都平安無事。我因此學到夫妻相處之道，除了要像爸媽那樣彼此信任，終身相扶持之外；還學到，太太如果問你說，她做的菜好不好吃？千萬別說「還有改善的空間」，而要有禮貌地稱讚：「美味絕倫！」事實上，這是校長岳父的女兒 Bubu 給先生的忠告，她說：「人無遠慮，必有近憂。」畢竟，話一出口，駟馬難追。

記得有幾次家人聚會時，爸爸一有機會便慎重地宣布：「下一餐由我來主廚，為大家『表演』一下如何？」媽媽必然會極力反對，其他家人也未熱烈的支持。但沒有關係，從爸爸帶著笑容望向遠方的眼神，你就可以知道，他心中已經在構畫下一個「料理實驗」了；這就是我的岳父，一位令人永遠懷念的「生活幽默大師」。（本文由本書作者蔡穎卿的先生 Eric 撰寫）

父親的溫和在我六歲的臉上成了羞澀的靦腆。
當我把父親和自己的學士照擺在一起時，不禁潸然淚下。
能當他的女兒六十多年，多麼好！

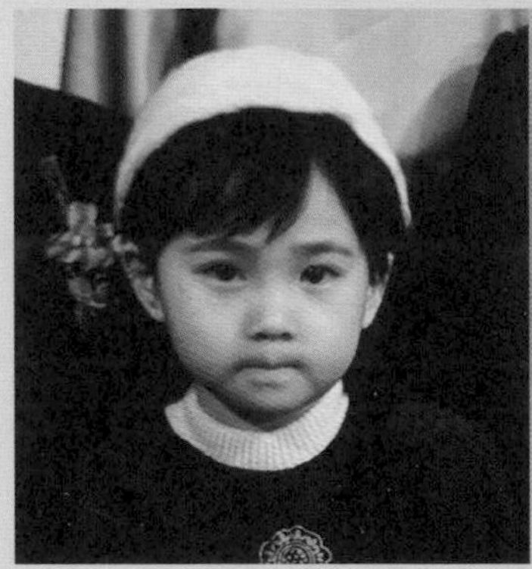

爸媽把愛我們的方法不加思索地給了兩個女兒。
他們的不加思索是因為對自己的愛一無所懼。
在曼谷家中，祖孫兩代，讀書、遊戲皆自如。

大學時的一張校園留照和母親年輕的照片放在一起時，
才覺得母女的氣息永遠是相近的。

在聖荷西家中，
姐夫的鏡頭留下了父母年近八十時身體和精神愉快的身影，
也留給我們永遠的美好！

讀完書之後，
祖孫共舞同歡樂。
（攝於 2002 年）

輯四

旅人·旅事

我們走在古城中前羅馬時代已建就的高架渠橋，
又跨過高低起伏的中古塔樓，
我感到時間既藉著這瞬間的改變展現它的活潑魅力；
也藉幾千年的不變道盡它的雍容。

不只善待，還有熱情

我們是在毫無計劃之下決定去貝魯賈的，既沒有計劃去幾天，也沒想過一定要去哪裡。只是想去羅馬、米蘭和佛羅倫斯之外的小城去走走，避開旅客蜂擁而至的名都。

黃昏時刻，一列老舊的火車把我們從羅馬送往貝魯賈。剛剛經過修巴斯山，遠遠見到阿西西城那遺世獨立、令人發思古幽情的喜悅，一下被抵達時見到的灰撲撲、不怎麼乾淨的車站沖淡了。旅行的安全顧慮輕輕襲上心頭。

雖然，前一晚已經訂好一間古建築改建的獨棟民宿，但因為不包含接送，所以還得摸索著去投宿。一向以來，在陌生城市搭公車是我們感受旅行的樂趣之一，只不過，有過先前歐遊時在米蘭和比薩被偷的經驗，一下子來到這看似寧靜的小城，心理的戒備反而不禁提高了一點。

我們並不困難就找到了公車，知道發車和路程所需的時間，以及買票的方法。司機看我們投入兩個歐元硬幣時，對我們豎起大姆指。雖然不知道這小小稱讚是什麼意思，但友善的氣氛又帶起將要認識一個新地方的好感。車行一陣後，公車在陣陣吹起的涼風中，把我們送到一座中世紀的城門前。夕陽染紅了貝魯賈的天空，古城的建築群如剪影般出現在眼裡。

這個古老的城市，對漫遊的我們來說很有趣，於是決定再留兩夜。但這兩夜，我們將搬到一個離市區較遠，一個由小城堡改成的飯店去。這樣，也許可以增加對這個古城多一點的了解。

當我們再度提著行李上公車時，又是一個黃昏，因為有了一天一夜的熟悉，心裡已經很放鬆。車過一處，不只專心欣賞，還偶爾熱烈低聲交談。等我們從興奮的心情中抽離，想起該注意是否到站時，車子已遠遠超過目的站好遠、好遠了；這時，托斯卡尼的山景繼續委婉而美麗地在眼前推出。

轉念一想，是旅行，又不是趕集，過了站有什麼大問題？況且，是公車過站，又不是高鐵，會遠到哪裡去？能這樣把貝魯賈城裡城外地巡一回，不也很美妙嗎？更何況，那將暮未暮的天空實在太漂亮了。於是開心地決定再坐一會兒，等看夠了再下車，去搭反方向的同一號車。

沒想到，文藝復興的古風情在一段轉彎後竟嘎然而止，緊接的是，一幢幢現代工業的製造廠和線條簡單、建材熟悉的集體住宅；間中，有一兩家一看就使生活減彩的速食店。

這公車簡直像一個時光機，只一段大彎路，就匆匆地把我們從中世紀的托斯卡尼送回再熟悉不過的現代鄉下。而高速公路那灰冷的線條，就像惡意要破壞一幅自然創作那樣放肆而不協調地出現在地表。錯愕中趕緊按鈴準備下車，而車子真正能停下時，已經是一大段路後的終點。

我們趕忙拿著飯店的名稱和資訊去請問司機，因為這時，他正在等待小息後的再發車。這個英俊又可愛的中年司機，雖然幾乎不會聽說英文，但他是一位典型的義大利人，豐富的肢體語言和熱心腸，使我們很快得知在他眼中我們所遇到的麻煩。

他幾次拍著微禿的前額再朝上望，那麼急快、無奈的自言自語，使我想到他正呼求上帝也出手照顧——照顧這兩隻迷途的羔羊。一兩個上車的人，開始加入這完全沒能用英語做橋樑的溝通，一時之間車上變得很熱鬧。

在那一刻，我們其實了解他想要表達的意思。因為，逆向返回城中的停靠站到城堡的入口得走一段路。雖然，我們理解他的擔心，卻無法使他了解我們的知道，不只知道，也打算這麼做。

我們只希望他在最近的一站到達時，提醒我們下車。

其實，說我們知道他的心情不完全正確，因為，一直到隔天的白天再度搭公車進城時，我們才算真正了解他的激動表現並非過度。即使在白天，走那段路都不算容易，更何況在天色已暗、路很窄、車行又快中拖著行李走，其實是很危險的。

我們藉助比手畫腳的溝通還未結束前，發車的時間到了。他立刻要返回工作崗位，幾分神似凱文科斯納的他，定定神之後走回方向盤前，坐下前又從後照鏡中望了我們一眼。不知為什麼，那一眼使我們非常安心，雖然，那一刻，其實還不知道他心裡的盤算。

夜幕完全拉下後，黃昏時見到黃綠兩色的山景，現在只剩下遠處山巒點點的燈光交映著天空中閃爍的星星。車要停下來前，司機從後照鏡中示意我們準備下車。帶點慌張的我們，拉起一人一件的小行李箱，匆匆道謝下車，在夜色中再度向他揮手代致謝意。

然後，在車尾完全駛出我們的視線之後，我們才了解，司機是如何想盡辦法，把車停在一個從各種思考角度都不容易想到的位置，只為了讓我們可以跨過車道就抵達城堡的範圍之內。

不管有多少的休假日，不管一份工作的報酬如何，例行工作經常會讓許多人給自己一個不再熱情的合理藉口。在一位萍水相逢的司機身上，我看到的不僅僅是一個人對異國人的好客善待，而是一份對工作的熱情；一份我也可以在自己工作上，永保敏感與助人的熱情。

活潑與雍容，千年古城訪老屋

進入位於翁布利亞省那千年古城中的三層小屋時，我對這晚投宿的空間只是目瞪口呆；心想，是什麼運氣啊！竟讓我住進了這個屋子。

當時，我身處在一棟石頭與磚造的米色系建築裡，挑高極高的一樓，臥室懸在半空中。從一樓再向下，室內有一口古井和一個羅馬式的浴池，古井上罩著一個可開可閉的玻璃蓋，井口的鍊繩接了一只木盆，想要的話，隨時可以打水上來體會一下往昔的生活，而這棟小屋所有的用水，也都抽取自這口井。雖是從一樓而下的空間，但誰都不會把它稱為「地下室」，因為在這類山城，建築經常依地勢而建，各層皆臨路面。為了擁有足夠的採光，一樓往下的部分，樓地板採用承重的透明玻璃。

我走完所有的空間，十幾天來的旅途生活本應有些疲倦才是，卻不知為什麼，只覺得非常振奮。我在懸空臥室下的大餐桌坐了下來，遠望著極現代感的廚房和調理台前那張古木古法所製，卻因擺飾顯得十分時尚的調理桌。

雖是九月，但屋裡涼沁沁的，我估計夜裡或許需要開暖氣。放眼這只以功能區別的大開放空間，它的堅固表達出一種無需裝飾的華麗感。那得自文藝復興時代的穹頂建造技術，把室內三處高低不同的屋頂美妙地銜接在一起；頂下的光，幽幽地從厚牆中的小橫窗漫延進屋，可以給予現代室內設計許多照明的靈感與啟發。

我覺得目瞪口呆的原因是，進屋前，我才從路面小心翼翼地走下幾十階的樓梯。走階梯，在這個依山起伏而建的城市，原不是任何值得驚訝的事。而剛剛來的時候，我也已經注意到城內因爲路很窄，走動的都是小得像玩具一樣的車，也很可能，是我見過 Mini 車最密集的城市，它們可愛地上下爬行於城市中，帶出了千年古城的一點卡通意味。

走緩坡、爬階梯，是探索這個城市最主要的方法之一，不走，大概是到不了想去的地方。但走來這棟十五世紀完工的古屋時，我踏行的石板梯已深受歲月人跡的磨練，階階都已凹陷，邊角還透出圓蝕的自然拋光。假如，不是很小心地拉著後來才架上的扶把，走這段路的壓力不可謂不大。更何況，進門先得從轉彎梯面過渡到屋前，那裡又有一處狹窄而高的落差。如果不記住，再出門時很可能會踩空一步，一跤摔倒。

然而，在這麼難行的環境下，重建的建築師卻搬來足足有四公尺長的玻璃，在古意盎然的老屋中，重整出一個讓人不能不讚嘆的新入口。堅固、但因為比例而顯得十分纖細的厚鐵件，以利落的線條，簡單地分割和嵌固著晶瑩的玻璃，在古木厚門之內，再分隔出一個似無實有的內外，兼容並蓄著幾百年中完全不同，卻極其協調的兩扇門的建築對話。

設計的靈感和建築的技術都不使我感到驚訝。畢竟，做為這一代人，大家因為知識的開放、傳播媒介和旅行經驗的豐富，大大增進對於近代建築工法的認識。然而，也因為經驗和模式不斷被複製，大量空間顯得粗糙與不耐，使我們看到許多面對困難卻將就而過的馬虎心態。

工作者不一定在獲得技術之後，更願意面對挑戰；克服困難也不再是一種高度的樂趣。在很多本可以更美、更好的空間裡，卻因求便利和快速而套裝建設。又假如遇到問題，便以既存的解決方式相媒合；有了交集就依例進行；沒有的話，再另找出路。通常，找出路的方法都是修改理想和願望，而不是征服困難。所以，我望著這間屋子的許多角落，不能不怔怔起疑，想著，得有多少不怕困難的人、多少良工巧匠，才可以用如此壯美的手法，來綴補空間必有的老化？使它不只老當益壯，而且風韻猶存。

那天，在靜謐舒服的挑高臥室中，好好地休息了一夜之後，隔天一大清晨就去散步。我們走在古城中早在前羅馬時代已建就的高架渠橋，又跨過高低起伏的中古塔樓，在晨光曦微中，山色、樹景和同色同系的建築，正在慢慢甦醒。我們每過蜿蜒的階台，便停步望向遠處，座座小山似層似疊，而山上幾乎都有城堡和教堂籠罩其中，我感到時間既藉著這瞬間的改變，展現它的活潑魅力；也藉幾千年的不變道盡它的雍容。

我忽然想起，人能面對困難，克服困難來建造或維護一個城鎮、一棟建築，或去做一件事，並不是只有毅力和耐心就足夠。是不是還需要一種求美的心意，一雙看得見大自然如何協調萬物的眼光，和對傳統的了解與尊重？

似乎有人說過這樣一句話：

在精益求精的競賽中，永遠沒有終點。

抱歉，丟失了一隻襪子

從尼斯上山到達阿爾卑斯山區的小飯店時，天已經完全暗下來了。

一下環山而上大約半個小時車程的計程車，我有點累了。但見到霧氣繚繞中，這位於海拔四百多米的可愛建築裡，昏暗但溫暖的燈光中，竟有一位約莫六十幾歲，銀髮、精神、動作利落的女士，正等待我們這最後一組客人辦理住宿手續，旅途中的疲倦輕輕從心中褪去。

我們為遲到而抱歉，她用牙床很小、齒如編貝的笑容代以回答，又用讓人感到安心的清晰話語，大致解說了這兩天我們的居住環境。

山中因為靜而夜深得早，我們早早睡去，也早早起床。下樓時，昨晚見到那位女士的窗檯燈前，被晨風吹拂、如輕煙般緩緩飄動的窗紗間，有盆繡球花在晨光下清新地綻放著。桌前坐著的不再是昨晚的女士，而是一位年輕很多的工作人員，她見我們沿階而下，立刻放下手機，問候我們早安，並離座引我們進入早餐地點。

花園內外自由來去的早餐氣氛很好，食物也很好。我為著新的一天去訪的小鎮而興奮，也計算著在有限的時間中怎麼安排生活。很想在出門前把行李箱中累積了兩天的外衣和睡衣送洗；心中盤算著假如出門一整天，回家前能拿回衣物，這會是好的安排。

於是早餐後，我走回窗前詢問了送洗衣服的服務。幾經聯絡，年輕人告訴我，雖然他們沒有專門的洗衣服務，但他們願意專用一輪洗衣、烘衣，幫我們解決問題，只要衣服的量不要超過一個她比劃給我的尺寸，而外衣，也會簡單熨燙，價錢是四十歐元。為了掌握時間，我立刻上樓去整理行李，並親交衣袋，然後高高興興地出門了。

又是旅行者一貫以來的興奮和貪心，我們盤桓在外，到處好奇走動了一整天，然後在科技地圖指引的陰錯陽差之下，爬過幾百階的坡路，仍然錯過了上山的最後一班公車。在更晚、更冷中，必得叫車上山，才能回到昨晚才抵達的「臨時之家」。

叫來的車，因為司機大哥的熟門熟路御風而行，繞山而上如此自在，司機身材健壯，且在氣候多變的山區長大，當然需要天窗半開灌入的清新空氣，以及冷風的刺激；坐在後座的我，經過一整天的旅遊興奮，開始感到疲倦，並害怕起地中海的風和阿爾卑斯山的夜霧了。在由懼轉怕的心情轉折中，我想到的是〈長恨歌〉中「雲棧縈紆登劍閣」的路途艱辛，眼中望到的，是那個掛在後照鏡、不停搖晃的十字架。

心想著：什麼時候才會到！

也低聲在心裡一半祈求一半罵道：

主保佑我們！

主保佑你！

在興奮、疲倦與車速過快的驚惶中抵達。進房時，只匆匆見到一落折疊整齊的衣物，拿了睡衣立刻洗澡，為了明天更好玩的探險，彼此催促早些入睡。直到隔天，找不到一雙襪子中的其中一隻，才仔細檢點過房間中的每一個空間、翻看行李中的每一個角落，始終未見著落。終於得下樓詢問。

這一天，兩位女士都在，她們顯然也都已經知道這份額外承接的服務。當好幾個人去洗衣間，分頭尋找那一隻失散的襪子時，我們突然覺得很不好意思。換我們忙著說：「沒關係！沒關係！」倒不是想當一個爛好人的寬容，而是我們知道，這原本就不在服務項目內，所以完全可以理解這小小的失誤。

這隻襪子引發了工作人員幾番走動、小小忙亂之後，隔天，我們又出門玩了一天，那隻尚未被尋獲的襪子，雖然早已在我們忙碌的旅行節奏中，被拋到九霄雲外，卻依然掛念在頭一天見到的那位女士心中。一隻丟失的襪子代表的是什麼樣的意義，誰也沒有資格幫她估量。她的在意可以使人去做一個完全沒有意義的推估：推估她在這個職場的重量、她與這個職場的關係。

再見面時，她在廊前的吧台洗東西，工作中見有人聲便抬頭，看到我們時，那讓人很喜歡的笑容，因為抱歉而暗淡了一些。她告訴我們，洗衣、烘乾，熨衣間都找過了，但沒能送回那隻襪子，我們很開朗地說，沒關係的，回家也許另一隻會跑出來。匆匆道過晚安後，便拾級而上走回房間。

隔日，我們按原訂計劃，準備下山，這一晚去住城裡。離開前，依例去把城市稅和房間的雜支結清，當然，也包括先前說定那四十歐元的洗衣費。

依然是在那張桌前辦理簡單的退房手續，我不知多欣賞地望著那藍、白、紫、粉同盆而栽的繡球花，看它們不改嬌柔地開放在窗前。帳單從桌前禮貌地反過方向後，遞交到我們的面前。行列的幾筆該付的費用中，獨缺那四十歐元的洗衣費。

就在我們還沒把提醒講完前，那位銀髮女士告訴我們說，不能收這筆費用，並且，他們感到非常抱歉。與此同時，那位當時接下洗衣袋的同事，正急急再度解釋自己曾如何去找那隻襪子，但她的話很快被攔截下來，銀髮女士示意她：「不要再說了；不要再解釋了。」

然後，又一次歉而不卑的致意，更祝福我們的下一個行程平安、愉快！

這一次，不再是陌生旅人

茱麗亞嬌小可愛，特別當她站在那座擁有幾百年歷史，古老、厚重又堂皇的大門前，在對比之下，她顯得格外玲瓏，還有一種淡淡可感的嬌羞；這便是車還未完全停妥前，我迫不及待拉下玻璃窗，同時望見古堡，也望見她的第一印象。

我走下車，在料峭的冷風中，和披著一條大圍巾的茱麗亞，握手互致初見面的問候；放開手後，茱麗亞很快地想接過我手中的行李箱。雖然，我們旅行時總是盡量輕簡，大多一人只拉著一只上得了飛機的隨身行李，但因為這嬌小的女孩如此柔和可愛，我竟不忍心把自己的行李箱交給她。

然而，茱麗亞柔而不弱，且十分敬業，她不但堅持拿走我的行李，還試圖同時接手 Eric 手中的那個行李箱。只是，城堡內完全沒有電梯，我們怎麼忍心讓一個可愛的小姑娘，手提兩只箱子爬好幾段階梯，自己卻空手信步尾隨。於是，Eric 堅持提自己的行李，我則說服自己放寬心情，讓茱麗亞為我服務。我們三人自下而上，一處處都稍做停留。在她節奏特別，共同能懂的語言介紹下，初步瀏覽了即將寄住的居處。

在她導引我們，介紹空間的言談中，我時時感到茱麗亞有一種難以描繪的害羞，但「害羞」又似乎並不是貼切的形容；因為，話聲穩定的她，讓我感覺到的並非是生手的怯意，只是，她的含蓄使我疑惑這份接待工作與她的關係；但行走言談之間，我覺得這初相識、分不清年齡的女孩非常真實、非常可愛！

打開屬於我們的居住空間時，我有兩種心情；一是十足的驚訝，二是同時升上心頭的一種擔心。我想著，今晚住下來後，我會不會感到害怕？那同時寫在空間和物件上扎扎實實悠久的歷史感，能不能帶給我旅行已十幾天，並在跨年前幾番舟車勞頓才抵達的身體，有足夠的休憩？

從臥室到浴廁中，間隔著一個好大、好大的起居室。起居室是由加冕房改成的，枝形燈上那幾盞燭形燈泡照在偌大的空間中，沒能發揮出太大的照明功能，倒保留了思古幽情。高且闊的空間，留下了聖誕剛過的清冷寒意，我心中好幾種不同的感受與眼前景物的印象，在茱麗亞的輕輕解說中交織成一片好奇和等待；等待著從未有過的一種經驗，在一個陌生的、極小的村莊，靜謐地跨向新的一年。

就在茱麗亞跟我們解說臥室各種物品置放的位置時，一位年齡和我們相仿的女士，從起居室探頭招呼，示意她可否進門。茱麗亞的臉上又綻出一抹含羞的淺笑對我們說：「這是我母親，很抱歉，她不會說英語。」我終於從這位女士的模樣，合理推證茱麗亞應該和我的女兒年齡不相上下。

不會說英語的媽媽，將她的美麗遺傳給了女兒，但她們顯然個性不同，媽媽十分急切，擔心茱麗亞遺漏講解的細節，催促幾乎來不及翻譯的女兒。但那聲聲逼人的語浪，卻沒有引發女兒的一絲不耐煩，只有一次，她微微發窘的輕輕舉起手，示意她的母親說得慢一點。站在那兩代速度、語言完全不同的母女間，我竟然有種微醺的舒暢與莫名感動：這麼好、對父母這麼有耐心的孩子，真是天賜的禮物。

隔一天，我才見到茱麗亞的父親保羅。他和我同年，見到他時，我覺得這個家庭的獨生女兒，從外表到性情或許都來自父親的遺傳，他們看起如此相像。相談之下，才知道若不是因為奇妙的機緣，我其實是不會見到茱麗亞的。因為，她剛剛完成自己環境工程的博士學位，開始準備進入職場，只因受僱於城堡工作的父親脊椎受傷，所以，年假時，茱麗亞回來幫忙接替工作。

至此，我終於懂她為什麼那麼執意要幫我們提行李的原因了，因為她想全然代替起父親的工作。基於天下父母心，我不只為保羅一家感到高興，而且，為他們感到驕傲。

身為一個旅客，我不知道應該怎麼表達心中對這種家庭之愛的由衷欣賞，以及感謝他們對古老城堡的具體管理和悉心照顧。我們能做的，僅有更愛護地使用空間中的每一樣器物，想像他們如何用心愛護城堡中的每一個角落那樣地珍惜已然的美麗，又思考節約的用度，希望我們離去後，他們不用花費太多勞力再做整理工作。

準備離開的那個午後，散步歸來，我環顧了早上起床後和 Eric 一起鋪好的床，收拾過的每一個房間，我感覺自己是這個空間景物中的一部分，而不再是一個陌生的旅客。

乘興起，盡興歸

黃昏前，蔚藍海岸的陣陣輕風吹過盎格魯大道，我的大草帽和道上的樹梢一起微微翻飛，沐浴在盛夏已過、初秋午後的陽光裡。

廣場上，為世界盃橄欖球決賽來加油的各國人士，佔滿了廣場邊的每一個露天酒吧和每一處咖啡座，他們的熱情感染了像我這樣從未主動觀心球賽的人。我觀察著一落落色彩鮮豔、兼顧著打氣與傳統色彩圖樣的不同服裝，竟有心去查查今年到底有哪幾個國家打入決賽。

看人，永遠是旅行中最有趣的部分。從老城切過廣場，飽足了球迷尚未在球場暴發的狂熱後，我們看到一部往海岸向山上駛去的公車，突然就動了心，立刻改變原本還要漫步到城中另一個異國生活區的決定，搭上下一班來車，到各港口去尋幽訪微。

我對地中海各大小港口的生活一直很感興趣，幾年來，也分次見過一些風貌。

巴士行進中，我看到一個餐廳漂亮的海景露台。好奇如我，立刻拉了先生按鈴下車。回頭走了一小段路，果然尋到了一眼瞄到的優勝美地。這時，大約快六點了，露台前的景色真是不負美名，海天一色，海水湛藍。

餐廳也果如我從車中所見那麼的優雅生動，問題是，七點半才開始供應晚餐。工作人員雖裡裡外外正在換花、鋪餐巾，準備桌上的各種佈置，但仍有員工親切地從忙碌的工作中，抽身來回答我們的詢問。我好想留下來晚餐，實在是好奇，再晚一點，這眼前的海，將會有什麼樣的變化；更好奇，在這麼美麗的海天柔風裡，什麼樣的食物將與之相和。雖然，那時我們手中其實已拎著從另一站買好、準備要回山上酒吧享用的晚餐，但我卻像孩子一樣，衝動地想著：我要！我要！我要！

為了等待，我們在附近逛逛。坐在木椅看了一會兒當地小朋友打球之後，我又後悔了；除了覺得如果真留下來用餐，那一定得浪費手中的食物，這很不應該。另一方面，也覺得太晚回山上不大好；入秋海邊的山區，氣候變化起來真讓人措手不及。

Eric 聽我一說，便提議回去把訂位改成隔天午餐，先打道回去休息。我一聽，高興了，覺得魚和熊掌並非不可兼得。立刻嚷著：那我們先在那裡喝一杯，欣賞黃昏的景色，因為明天中午，不知道會不會有這麼美的景色。於是，我們回到餐廳改了訂位，又點了兩杯香檳，靜靜地欣賞那將暮未暮的海天氣象，享受每一道霞光在遠近微波上的絢爛變化。

上山的最後一班巴士是九點。所以，如果七點半開始用餐，根本也趕不上車，但那段路要在夜黑裡叫車，又讓人感到微微不安，所以我想去搭七點十五 那班從老城發出的公車；這樣以防九點那末班車萬一取消也不至惶惶。決定一下，我們便很豪邁地仰脖把杯中所剩的香檳一飲而盡，開始依照 Google 地圖的建議往下一個巴士站走去。

前一小段路，有趣得很，港區可愛的小店，原來都聚集在往下一站去的右側夾道裡。每一家都讓人想佇足停留一下，但為了趕車，又因為隔天還會再來，我就不那麼戀戀不捨了，在 Eric 的輕輕催促下，我極有精神地快步順高往前走。

誰知一個轉彎之後，開始了全是拾級而上的階梯。原來「捷徑」是地理位置上的最短，把蜿蜒的繞路取直而上，最後，這捷徑便是分段要走完大約八百階的意思。

起先，心裡動過放棄的念頭，但路已走了一段，假如回轉，時間上未必能攔截到如今不知已行到哪裡的巴士；還有，爬都爬了那麼一大段了，也真是不怎麼甘心。而且，回頭一望，暮色中，居高臨下望見的遠方海景還真是美不勝收。那時，因為體力尚未耗盡，也不知道前途一路全是艱難，還美美地想著：這不應驗了「迷路原為看花開」的巧遇嗎？

再走著、走著時，夜幕真正低垂了，涼風開始帶來輕輕不安的冷意，在手機上讀取還剩多少距離，成為我們唯一的鼓舞。終於，在雙腿還未全弱，意志還未全息前，我們見到路面了，欣喜若狂地看見最後的十幾階。陣陣吹向山邊的海風開始夾著薄霧，拂在汗流浹背的身上，讓人冷熱不分。

沿途的好幾百階中，我們不只經過一片墓園，還有一段段此城富有人家與先人墓地相傍的美麗築居，那華美和陰翳交雜的奇異景象，也是拜我好奇的隨性之賜才得以相見。

先生覺得很抱歉，帶我走那以為十五分鐘，其實我們走走歇歇爬了將近一個小時的路程。我倒覺得那是Google Maps的問題。不只很想原諒他，還在心中盤算著，要說三兩句溫柔賢妻該說的體己話。沒想到，話還沒出口，腳也還沒踏完最後一階，他已放下自責，嘉獎似地拍拍我說：「至少，今天妳的體能已經通過了一個很好的考驗。」

呵！我真想「吼」過去，警告他，我可不欣賞這個時候他的這種幽默。他可知道，趕路中，我握到他的涼手時，多少次想到他心率不整的老毛病，心裡有多緊張，根本是咬牙才硬撐下來的。但旅行絕不是吵架的好時間，而且，終究我們沒能趕上七點半的公車，更不知道九點那班車到底發不發？還有什麼時候才會到這一站？而這中間的時間，我們在這荒涼陌生的地方，又該在哪裡稍息等待？

夜霧已一陣濃似一陣，氣溫比我們想像中更沁人了。旅行中的隨興和能不能盡興，正受著互不抱怨的嚴峻考驗，也受著老年夫妻自助旅行中，要自由，更要善用現代工具的挑戰。

我想想，抱怨還是得挑正確時間。現在，應該繼續當「賢妻」，平心靜氣地好好想辦法返回飯店才是上策。

在千年古城婉延曲道中的石屋裡，
堂堂頂天的玻璃門引我認識克服困難的勇氣和堅持。

Piazza della Cancelleria 87, Roma
Via del Pellegrino 11, Roma
Corso del Rinascimento 17, Roma
Via Fiori Chiari 13, Milano
Via dei Baullari 112, Roma
Via della Moscova 52, Milano
Via Altabella 19/C, Bologna

34158
Non parlare
al conducente
durante la marcia

不為尋找而遇見人的善良、事的美好，
是旅行最愉快的收穫。

成了老年夫妻之後，遠行除了輕裝簡行之外，
我更要提醒自己別忘了打包和顏悅色。
要先相看兩不厭，才能稍得敬亭山之美。

旅行是啟動所有感觀的閱讀。
既身歷其境，就暫拋一切現成的整理與啟發；
用「心」讀環境。

黎明即起去散步，
夜幕將垂時用餐，
永遠是我旅行的快樂計劃。

從一位可敬的長輩身上，
我學會了寫明信片。
一封封平安家書既裁剪見聞，
也剪裁相思。

舉手之勞可以表達我們對旅行的感謝；
感謝那些費心的照顧和美麗的呈現。

沒有任何力量攔得住美在時間裡奔流。
我張眼細看，
伸手輕觸新舊時代的創意和灼見。

寫給生活的情書

生命中的每一個相遇，都會在你身上留下印記

作　　者—蔡穎卿
責任編輯—周湘琦
美術設計—點點設計 × 楊雅期
行銷企劃—周湘琦

總 編 輯—周湘琦
副總編輯—呂增娣

寫給生活的情書：生命中的每一個相遇，都會在你身上留下印記 / 蔡穎卿著 . -- 初版 . -- 臺北市：時報文化出版企業股份有限公司，2024.06
面；　公分
ISBN 978-626-396-377-1(平裝)

1.CST: 人生哲學

191.9　　113007647

董 事 長—趙政岷
出 版 者—時報文化出版企業股份有限公司
108019 台北市和平西路三段二四〇號二樓
發行專線　（02）2306-6842
讀者服務專線　0800-231-705、（02）2304-7103
讀者服務傳真（02）2304-6858
郵撥　19344724 時報文化出版公司
信箱　10899 臺北華江橋郵局第 99 信箱
時報悅讀網— http://www.readingtimes.com.tw
電子郵件信箱— books@readingtimes.com.tw
時報出版風格線臉書— https://www.facebook.com/bookstyle2014
法律顧問—理律法律事務所　陳長文律師、李念祖律師
印　　刷—華展印刷有限公司
初版一刷— 2024 年 6 月 21 日
初版二刷— 2024 年 7 月 26 日
定　　價—新台幣 420 元